たった1日でできる人が育つ！「教え方」の技術

明治大学教授
齋藤 孝

PHP

はじめに

●誰もが「教師」になる時代

「教える力」が必要なのは、学校の先生だけではない……。これは、多くのビジネスパーソンが実感していることでしょう。なぜなら、新しく覚えるべきことが以前より大幅に増え、上司・先輩は必要なことをより短時間で部下・後輩に教えなければ、仕事が回らなくなってきたからです。

職場にパソコンが導入されて以来、それまで3人ぐらいでやっていた仕事を1人でこなせるようになりました。つまり生産性が大きく向上したわけですが、見方を変えれば個人の仕事量が大きく増えたということでもあります。しかも時代の流れが速いので、新しい仕事は増える一方です。

そこに、新しい人が入ってきたとします。それは新卒の場合もあるし、異動で他部署から移ってくる場合もあるでしょう。しかしどれほど優秀でも、経験知がなければ力を発揮できません。最低限のことは部署で教える必要があります。

とはいえ専属の先生がいるわけではないので、誰かが自分の仕事と並行して教えなければなりません。ただでさえ忙しいのに、さらに仕事が上乗せされるわけです。これはエネルギーを相当使うし、それなりの〝成果〟を求められるという意味ではプレッシャーもストレスもかかります。

そしてもう一つ、**今はもう新人が「見て覚える」時代ではありません。**職人や芸の世界なら、弟子が師匠のワザを見て覚える習慣が残っているかもしれません。しかし一般的な職場では、まず無理でしょう。上司や先輩の言動を見て主体的に判断・行動できるタイプは、どんどん減っていると思います。

だから「とりあえず好きなようにやってみて」「見ていれば覚えるだろう」は厳禁です。それは新人にとってストレスにしかなりません。「何も教えてくれない」と上司や先輩への不満を募らせることにもなります。それよりも、**「まずは基本的なことを丁寧に教えてほしい。そうすればちゃんとできるようになる」というタイプが多い**のではないでしょうか。最近の若い人は真面目なので、うまく教えれば順調に成長します。私は大学で若い人と20年以上つき合ってきました。こういう若い人の気質の変化を肌で感じています。

つまり、**仕事の種類が増えた上に、「丁寧に教えてほしい」という若い人が増えた。今の職場では、この２つの要素をクリアする必要があるわけです。上司・先輩は効率よく、しかも細やかに教えることが求められます。**しかもそれは、日常業務のかなり大きな部分を占めるようになってしまったのではないでしょうか。

●「教える」ことは業務の一環

そこでまず、職場で「教える」ということに関して持つべき2つの基本的な〝心構え〟を述べておきます。

1つ目は、**「教える」ことは「業務の一環である」と覚悟を決めること。**部下や後輩が新たに入ってきたり、その指導係を任せられたりすることを「面倒くさい」と感じる人は少なくありません。たしかに、それによって自分の仕事の時間が削られたり、教えるために自ら勉強が必要になったり、教える相手に嫌われないように気を使ったりすることは、たいへんなストレスになり得ます。それに「仕事ができるから」と指導係に選ばれる人でも、教えることまで上手とはかぎりません。

まして、「自分が新人のころはそんなに教えてもらわなかった」「仕事は自分で工夫して覚えた」という記憶のある人の場合、丁寧に教えることを「不必要」と考えがちです。「過保護では人は育たない」と思っている人も多いでしょう。

しかし、**その根底にあるのは「教えることは業務外のサービスである」という意識ではないでしょうか。だとすれば、明らかに時代を読み違えています。以前がどうであれ、今はかなり変わってきているのです。**

組織に帰属しない個人事業主なら、「いちいち教えなくていい」という考えにも一理あります。しかし組織の一員として働くなら、新たなメンバーに教えることはサービスではなく全員の義務です。それがなければ、組織は成長できません。重要なのは「再生産」することです。

それは、社会全体を考えてみればわかるでしょう。結婚して子どもが生まれ、次世代が育つというプロセスがなければ、社会は成長しません。日本の場合は少子化・人口減少という大きな問題を抱えていますが、それが経済にマイナスの影響を与えていることは間違いありません。

まして会社組織の場合は、単に人数が満たされればいいというわけではありません。毎年のように人が入れ替わる中で、ノウハウや技術などを伝承し続ける必要があります。そうでなければ組織の意味がありません。これが「再生産」の意味です。そこに費やすエネルギーを惜しんではいけないのです。

●職場内で教える〝循環〟をつくろう

ただし、特定の誰かが教育の全責任を負う必要はありません。**全員が役割を分担し、「教える循環をつくる」こと。**これが2つ目の〝心構え〟です。

これは、学校の部活を思い出してみればわかりやすいでしょう。3年生が2年生に教え、2年生が1年生に教える。こういう循環をつくっておけば、翌年に新1年生が入ってきたとき、新2年生がスムーズに教える側に回れるわけです。

会社組織も同様です。入社2年目の時点で新入社員の教育係を務められるようになれば、3年目以上の社員の負担はかなり軽減されるはずです。

もちろん入社2年目では、まだまだ本人が学ぶべきことも多いでしょう。そこで彼らは、教える・教わるという両方の役割を担うことになります。あるいは3年目以上の社員についても同じことがいえます。つまり、結局は全員が教師でもあり、生徒でもあるという状態になります。**こうして「教える」という行為を血液のように循環させることが、組織にとって生命線になるのです。**

そこで重要になるのが、循環のスピードです。たとえ新入社員でも、1年後には後輩を指導する立場になります。しかも世の中の変化が速いので、新たに覚えるべきことも次々に現れます。それを吸収しては教え、また吸収しては教えるという作業を素早く繰り返さなければならないわけです。

そのスピードが速いほど、組織は一体感が醸成されて強くなります。いわゆる「経験知」がくまなく共有されるのだから、これは当然でしょう。

まして最近は、組織内の人の出入りが激しくなっています。正社員だけではなくパートやアルバイトの人も多いし、特定のプロジェクトのために外部の人とチームを組むこともあります。それぞれの場で、新しいメンバーになるべく早く仕事を覚えてもらい、組織の中で役割を果たしてもらう必要があるわけです。「教える」という業務は、以前より重要度を増しているといえるでしょう。

●「カリキュラム」の確立を目指そう

以上を踏まえるなら、「教える」には大きく2つの方法があることがわかると思います。一つは、**個人から個人へ1対1で経験知を効率よく教えること。**そしてもう一つは、**組織として教えるシステムを確立すること**です。

前者は、まさに「教える」の王道でしょう。教える側の力量にもよりますが、ポイントを摑《つか》んで要領よく教えれば、それに越したことはありません。優秀だと評価される家庭教師は、どんな子どもでも伸ばせるのです。これを教え方のAパターンとします。

また後者の場合、典型例が「公文式《くもん》」です。誰かが手取り足取り指導しなくても、プリントを1枚ずつこなしていけば自動的に身につくようになっている。これは画期的な勉強法でしょう。

あるいは高校野球の甲子園常連校や伝統校では、たいてい「練習メニュー」というものを確立しています。おそらくそれは、長年の蓄積から編み出されたのでしょう。新入部員は、それを消化していくうちに一定レベルに達する。だから、強い学校は代替わりしても強さを維持できるのです。いわば、**組織の暗黙のルールが個人を伸ばす**わけです。

宗教の戒律なども、その最たるものでしょう。例えばイスラム教の場合、礼拝はこうする、食事はこうする、といった行動のルールが決まっています。子どものころから見よう見まねでそれに従っていれば、複雑な戒律も自然に覚えるはずです。これをBパターンとします。

A・Bどちらのパターンが優れているか、という話ではありません。ハイブリッドのように両方を組み合わせると、より強力な教え方になると思います。ただし組織として教えるのであれば、Bパターンを強化したほうが効率的でしょう。平たく言えば、そのためのテキストとカリキュラムをつくるわけです。

これは、一朝一夕にできるものではありません。ただし一度つくってしまえば、その後が楽になります。個人の教え方にムラがあったとしても、それを補うことにもなります。ちょうど学校の教科書と同じ役割を果たすのです。

では、どうやってつくるのか。いきなり立派な冊子にする必要はありません。まずは従来のAパターンをこなしながら、その経験知を同時進行的に整理していけばいいでしょう。それを複数ですり合わせれば、経験知の集合体が出来上がります。それを教える現場で試し、フィードバックして加筆・修正を加えていきます。この作業を繰り返し、積み上げていけば、やがて立派なテキストになるはずです。

本書が目指すのは、まずAパターンをマスターすることです。部下や新人に「教える」という業務に直面した人が、苦手意識を克服して効率的に役割を果たせるよう、その「教え方の技術」を伝授します。本書で挙げる30の教え方のポイントをおさえれば、今まで「できなかった人」も、「できる人」に生まれ変われるようになるでしょう。

しかし、それは目的の半分にすぎません。ある程度教え方の技術をマスターしたところで、今度はそれをフォーマット化、テキスト化してBパターンをクリアする方法を考えてみます。

教える内容は職場や人によって異なるでしょうが、「教え方」には意外と王道があるものです。それを摑んで「教えマスター」になってくださることを願っています。

齋藤　孝

たった1日でできる人が育つ！　「教え方」の技術●目次

第2章

何をどう指示するか

――「できない」を「できる」に変える

第3章 教える重点ポイントは「段取り」

——上司と部下が流れを共有する

第4章

「褒める」ことが大切

――人をやる気にさせる技術

第5章

部下の本気を育てる
――上司は部下のコーチになろう

第6章

「教える」効果がアップする方法
——道具を使って意識を上げる

第7章

ミスを次につなげるコツ

――仕事への「構え」をつくる

装　幀　萩原弦一郎、
　　　　戸塚みゆき（デジカル）
写真撮影　長谷川博一

第1章

「教え方」5つの基本スタンス

――まずは信頼関係を築こう

① 言葉遣いに気をつける

●〝先輩風〟は通用しない

部下や後輩と接する際、意外と見落とされがちなのが言葉遣いです。

例えば、「おいお前、これやっとけよ」と指示することは、ひと昔前の職場なら日常茶飯事だったと思います。しかし今は、この口調自体に嫌悪感を持つ若い人が少なくありません。

まず「お前」と呼ばれると、ぞんざいに扱われているような気になります。「やっとけよ」という命令口調も、あからさまに格下と見なされているようにも感じます。ましてそれが強引な指示だったとすれば、余計に理不尽さを覚えて傷ついたりします。今の若い人は繊細すぎると思われるかもしれませんが、気をつけるに越したことはありません。いわゆる「先輩風」を吹かせるのは、時代遅れになりつつあります。

言うべき内容はいろいろあるでしょうが、口調をコントロールすることはできるはずです。**基本は、強度を和らげること。口調を丁寧にして、一定にするのがポイントです。それができれば、感情もコントロールできているように見えます。**

例えば、「お前」ではなく「○○さん」と名前を呼ぶ。「やっとけよ」ではなく「○○してください」と指示します。これだけでも、ずいぶん印象は変わるはずです。よそよそしい感じにはなりますが、横柄に見られるよりはいい。「丁寧に話すのはいいことだ」と決めてしまったほうがいいと思います。

もっとも、すべての若い人が弱々しいわけではありません。高校や大学で、上下関係のあり方を鍛えられた人も少なからずいます。そういう人は、いわば「後輩力」が高いのです。

特に部活を経験した人は、上級生と良い関係を築くことに慣れている場合がよくあります。フレンドリーでありながら節度はわきまえ、ときどき「教えてください」と頭を下げたり、「飲みに連れていってください」と甘えたり、叱られたりすることも厭《いと》わなかったりするのです。

そういう新人が入ってきた場合には、少しざっくばらんな口調でもいいでしょう。名前を呼び捨てにしたり、「○○くん」や「お前」と呼んでもいい。「これぐらいできるだろ?」などと多少は荒っぽい口調のほうが、かえって相手もリラックスできるし、お互いの距離を縮めることもできます。

ポイントは、そういう「後輩力」を持っているのかどうか見分けることです。中には、心証を良くしようと無理をして「後輩力」があるように装う人もいます。それを額面どおり受け取ってキツい言葉で接していると、そのうちポッキリ心が折れてしまいかねません。教えながら様子を見ていれば、だいたい区別はつくと思います。

とはいえ、今どき「後輩力」のある若い人は、ごく一部です。かつてなら、もともとそういう力を持っていようがいまいが、職場の中で鍛え上げるのが当たり前でした。例えばテレビ局にしても、強引さが当たり前でした。

だからどんな人でも、異常なほどの「後輩力」を身につけました。上司や先輩が「飲みに行くぞ!」と言えば、全員が「わかりました!」と従い、朝までつき合うようなことが週に何回もあったそうです。

しかし、それはもう「今は昔」の話です。あまり〝潜在能力〟に期待せず、無難に、穏便に接するのが今風でしょう。

● 口調を変えれば人格が変わる

あえて丁寧な口調に徹することには、もう一つ、大きなメリットがあります。**自身の情緒が安定するし、周囲にも安定している人間であるように見せることができます。感情が口調に表れる場合もありますが、口調が人格をつくる場合もあるのです。**

例えば、『仁義なきキリスト教史』（架神恭介・筑摩書房）という本があります。キリスト教の歴史を、映画「仁義なき戦い」のような教団による抗争物語として描いた抱腹絶倒の一冊です。登場人物のセリフは、すべて広島弁。イエス・キリストも「おどりゃ、何をちびちび言うとるんじゃ！」などとタンカを切ったりするわけです。

これを読んでいると、たしかにキリスト教の物語には違いないのですが、さすがにイエスが「聖書」とは違う人格に見えてきます。口調には、それだけ人の印象を変える力があるということです。

私もかつて『声に出して読みたい方言』（草思社）というCDブックを出したとき、例えば川端康成の『雪国』を名古屋弁にアレンジして読んでもらいました。そうすると、雪深い山奥の雰囲気はすっかり消え、名古屋の空気が出てくるのです。方言も口調の一種と捉えれば、やはりその力は絶大です。

あるいは、かつて小学校高学年の「学級崩壊」が深刻な問題になっていたころ、児童たちの荒っぽい言葉遣いとの因果関係が指摘されました。例えば女子の間でも、「おい、ふざけんじゃねえぞ」といった言葉が行き交っていました。そうすると、クラス全体の雰囲気も荒《すさ》んでしまうのです。

そこで、ある先生が言葉遣いの改革に取り組んだのです。他の問題にはとりあえずすべて目をつむり、お互いを呼ぶときには「お前」ではなく名前を言うこと、そして女子には「さん」、男子には「くん」を付けることを徹底させたのです。

その結果、教室から荒っぽさが消えたそうです。これはある意味で当然でしょう。「○○さん」「○○くん」と呼んだ後で、キツいことは言いにくい。「○○さん、ふざけんじゃねえぞ」では、日本語としておかしな感じになります。

それに、名前で呼び合うことは、お互いに「認知しています」というメッセージにもなります。相手の存在をはっきり認識すれば、それをわざわざ断ち切るような言葉遣いにはならないのです。

実は、これにはモデルがあります。戦前の家庭教育がこのパターンでした。母親が子どもを呼ぶ際、男の子でも女の子でも「○○さん、これをやってくださいね」という丁寧な言い方をすることが多かったのです。それが日常会話だったので、子どもは自然に丁寧な言葉遣いを覚えていったわけです。

もちろん当時の学校にも、問題がなかったわけではないでしょう。しかし少なくとも、「学級崩壊」のような事態はなかったと思います。

現代の職場も同様でしょう。**丁寧な言葉を使えば、心は穏やかになるし、人間関係も不必要に荒れたりしません。**上司・先輩がそれを実践すれば、部下・後輩も真似《まね》るはずです。場の雰囲気も良くなるのではないでしょうか。

教え方のポイント
1

口調は、強度を和らげること。そして丁寧にして、一定にする

② 若者の指導には「NGワード」がある

●「人との比較」は厳禁

がんばった部下がいれば相応に高く評価する。これは当たり前です。

何が良かったのかを全員の前で指摘し、「他の人も参考にしてみよう」と呼びかければ、当人は嬉しいし他の人には刺激になります。これも常套《じょうとう》手段の一つでしょう。**当人には「ちゃんとやれば、ちゃんと評価される」という安心感を与えること、他の人には「どうすれば評価されるのか」をわかってもらうことが目的です。**

ただし、これが競争意識を煽《あお》るような形になってはいけません。そういう育て方もありますが、今の時代に合っていない気がします。

例えば幕末の松下村塾には、高杉晋作《たかすぎしんさく》と久坂玄瑞《くさかげんずい》という両雄が存在していました。師である吉田松陰《よしだしょういん》は、わざと久坂の前で高杉を褒めたり、逆に久坂を見習うように高杉を諭《さと》したりしたそうです。つまり両者をライバルとして意識させ、刺激して切磋琢磨《せっさたくま》させたのです。負けん気の強い2人だからこそ、有効な教育方法だったのでしょう。

しかし今の時代の若い人は、同年代に対して「あいつには負けたくない」といったライバル意識をさほど強く持っていません。なるべく穏便に、角を立てたくないというのが基本スタンスでしょう。

それを「彼はもうできている。お前は遅れているぞ」などと比較されたり、引き合いに出してけなされたりすると、一気にやる気を失ってしまいます。「別に競っているわけじゃない」と嫌な気分だけを引きずることになります。つまり、まったく逆効果になるわけです。

あるいは、「彼に比べて、お前のほうがずっと先を走っている」という褒め方もやめたほうがいいでしょう。引き合いに出された「彼」の耳に入る可能性もあるし、褒められる側もいい気はしません。褒める・けなすの問題ではなく、比較されること自体が嫌なのです。

いずれにせよ、教える側としてはハッパをかけて奮起を促したいだけでしょう。しかし、かえって人格的に信頼されなくなります。人間を比べるような言葉は、「禁句」にしたほうがいいと思います。

●「だから、ゆとり世代は～」は禁句

「今年の新人は出来が良くない」とか「去年はもっと豊作だった」という言い方もよく聞きます。十把一絡《じっぱひとから》げに評価されても、若い人には何も響きません。いかにいい加減な指導をしているかが露呈するだけです。

似た言い方に、「ゆとり世代は使えない」というものもあります。たしかに、ゆとり世代にはある種の傾向が見られます。能力的に大きな差はないのですが、5年単位、10年単位で見ていると、積極的に関わろうという意欲が若干乏しいと思える面はあります。

しかし、**はっきりと実体があるわけではなく、全員が同じでもありません。だから個別に指導・教育する際に、そういう色眼鏡で見ないほうがいい**と思います。言われる側も、「一括《ひとくく》りにしないでほしい」と思うだけでしょう。実際教えていると、こちらがしっかりと教えれば、力を発揮するという印象です。

年輩者どうしで酒の肴《さかな》にする程度ならいいのですが、当のゆとり世代にかける言葉ではありません。叱るついでに「だから、ゆとり世代は～」のような言い方をすれば、パワハラにもなり得ます。やはり「禁句」にすべきでしょう。

だいたい「ゆとり世代」というと、「使えない」というバカにしたニュアンスを含んでいますが、長く接してきた私が見るかぎり、けっしてそんなことはありません。おとなしいことはありますが、一方で素直さや真面目さを持っていて、指示にはきちんと従うし、情緒も安定しています。

おかげで私は、昔より今のほうがずっと授業をやりやすいと感じています。会社組織に入っても、相応に活躍できるはずです。**教える側の腕しだいで、たいへんな戦力になる**のではないでしょうか。

ただし、先にも述べたとおり主体性や積極性にはやや欠けるところがあるので、細かく指示しなければ動いてくれないときがあります。企業の採用担当者は、よく「自分で考えて行動できる人を採りたい」と言いますが、その意味ではやや物足りないかもしれません。

しかし現実問題として、会社の仕事の中には、考えるまでもなく誰かがやらなければならないものも多くあります。それを真面目にミスなくこなせるとすれば、その人は組織にとって大事な戦力であるはずです。

また、そういう人はプロジェクト・リーダーになれないかといえば、そうでもありません。メンバー全員を引っ張るような典型的リーダーではないにせよ、求められたゴールに向けて必要十分な役割を果たすことは可能だと思います。今後、こういうリーダーが増えてくるのではないでしょうか。

考えてみれば、ひと昔前には「新人類」という言葉が流行し、当時の大人世代をずいぶん不安がらせたものです。しかし、新人類たちも今やすっかり大人になり、それぞれ会社や社会を支えています。「最近の若者は……」という批判はいつの時代にもあるものですが、それがたいてい的外れに終わることは、歴史が証明しているわけです。

教え方のポイント

2

他の人と比べてどっちがいいかなど競争意識を煽るような言葉は使わない

3 明確な評価基準を持つ

●評価基準はクリアかつオープンに

人を評価する際、まず重要なのは絶対的な基準を持つことです。例えば、武道や囲碁・将棋の世界のように段級があれば、もっともわかりやすいでしょう。

これなら、相性や性格のよし悪《あ》しとはまったく無関係に、そのランクによって上手下手がはっきりわかります。実際、級のレベルでは有段者にほとんど太刀打ちできません。有段者の間では〝番狂わせ〟もよくありますが、いずれにしてもハイレベルであることは間違いありません。

しかも、これほど明確な評価基準があれば、本人にとってもモチベーションになります。3級の人は2級を目指せばいいとわかるし、5段の人は慢心することなく6段に向けて腕を磨く。これが段級のいいところです。

さらに言えば、**評価基準をクリアにしておくことで、人格的にも信用されやすくなります。上司に贔屓《ひいき》にされたわけでも、姑息《こそく》な手段を使ったわけでもなく、単に実力だけがものを言うからです。**それだけの訓練を積んできた人なら、何らかの仕事を任せても大丈夫、となりやすいのです。

会社での仕事の場合、ここまで明確な評価基準を設けることは難しいかもしれません。ただ、最近はいわゆる昇進試験を導入している会社も少なくないようです。筆記試験や論文提出、それに面接試験など方法はさまざまですが、公平を期するという意味では良い評価方法といえるでしょう。

そういう制度がない場合でも、評価の基準はできるだけ明確にする必要があります。何をポイントにするか、簡単に数字で表せない部分もあるでしょうが、少なくとも全員が納得できる形で、事前に伝えておいたほうがいいのです。

業務の目的を共有した上で、例えば「この状態に達すればA、この状態ならB、この状態ならC、それ以下ならDと評価する」と決めておくわけです。新人や後輩も、そう言われたほうがかえって気楽になるでしょう。

仕事内容は、いつまでも同期全員が横並びというわけにはいきません。いつか一人を何かの役割に抜擢《ばってき》することもあるでしょう。そのとき、他の同期がその人事を納得できるか。「贔屓だ」とか「上司は何も見ていない」などと思わないか。それが、評価の基準を明らかにすることの意義です。

●ルールの〝後出しジャンケン〟は不可

言い換えるなら、これは「罪刑法定主義《ざいけいほうていしゅぎ》」を徹底させるということです。どのような行為が犯罪と見なされるかは、先に存在する法律によってのみ規定されるということを指します。

仮に犯罪〝的〟な行為が起こっても、法律でそれを犯罪と定めていなければ、犯罪にはなりません。平たく言えば、後出しジャンケンは認められないということです。これは、刑罰権を行使する側の恣意《しい》性を排除するための近代刑法の基本原則です。

例えば、インターネット上で極悪なことが起こっていたとしても、それを取り締まる法律が未整備であれば、止めることも罰することもできません。実際、個人のプライバシーが本人の了解なしに公開される「さらし」のような事態は日常的に起こっていますが、不特定多数の人間が行っているため、現段階では罪に問われません。これが法治国家のルールなのです。

しかし当然ながら、放置するわけにもいきません。かといって厳しすぎてはネット空間が息苦しくなります。どこまでを罰し、どこまでを認めるか、叡智《えいち》を集めて基準をつくっていく必要があります。実際に罰せられるのは、その後です。

次元はまったく違いますが、私の大学の授業でも、あらかじめ評価の基準を明らかにしています。

「出席率一定割合を下回ったり、最終レポートを出さなかったりした場合には単位不要と見なします。その上で、全員の前での発表回数、相互投票で得た票数、レポート内容を組み合わせてＡＢＣを決めます。仮に自分の成績に不満がある場合は、いつでも質問に来てください。どうしてそういう評価なのかを説明します」

こういう感じで毅然《きぜん》と話すことにしています。

会社の場合、問題なのは、新人や後輩の仕事ぶりについて、後から基準を持ち出してよし悪しを判断してしまうことです。「これがダメだとは知らなかった」「この点が高く評価

されるなら、最初からそれを目指した」といった不満が聞こえてくるようでは、信頼関係は築けません。

もちろん、仕事にはそれぞれ個人の裁量があるはずなので、こまごまとルールで縛ることは難しいでしょう。しかし、「最低限やってはいけないこと」や「組織として何を目指しているのか」を徹底することが、クリアな評価基準の代わりになるかもしれません。

少なくとも気をつけるべきなのは、**「これぐらいは常識だろう」「言わなくてもわかるだろう」と説明を省略してはいけないということ。ベテランの社会人には常識的なことでも、経験が浅い人は知らないことが多いのです。**どれほど優秀に見える新人・後輩でも、必要以上に買いかぶってはいけません。

教え方のポイント

3

業務の目的を共有した上で、明確な評価基準を伝える

④「贔屓」の気持ちを消す

●部署の全員と均等に話をする

「えこ贔屓はいけない」とは、誰もが認識していることだと思います。特に複数の人間を指導する立場にあるなら、特定の誰かに比重をかけたり、逆に避けたりしてはいけない。これも社会人として常識でしょう。

とはいうものの、人として好き嫌いがあるのも当然です。毎日顔を合わせていれば、なおさらでしょう。重要なのは、それを表に出さないこと、そして仕事上の評価とリンクさせないことです。

そのためには、２つの方法があります。一つは基本的なことですが、**あえて職場で好き嫌いとなるような関係をつくらないこと。**もともと職場の同僚は、友人関係ではありません。わざわざ心を閉ざす必要はありませんが、ベタベタしたつき合いをする必要もありません。適度に距離を置きつつ、愛想よく振る舞っていればいいのではないでしょうか。これなら、誰かを贔屓しようという気にもならないはずです。

これとも関連しますが、もう一つの方法は、**誰とでも均等に話をするよう努めること**です。プライベートを考えればわかると思いますが、特定の誰かと多く話すことで、情が移って話しやすくなったり、好き嫌いが出てきたりするのです。**贔屓しようという感情は、話す量に比例するというのが私の考えです。それを避ければ、「仕事仲間に好きも嫌いもない」と思えるようになる**でしょう。

例えば、指導すべき5人の新人がいて、個別に話せる時間が10あったとします。そのとき、つい話しやすい相手には多くの時間を割き、そうではない相手とは簡単に済ませてしまいがちです。

しかし、これが贔屓のもととなります。この5人も、扱いの違いを敏感に察知するはずです。それが信頼関係を損ねたり、モチベーションを下げたりすることになるわけです。

「10」の時間を5人に均等に、それぞれ「2」ずつ割り振るように気を使うのが、教える側の最低限のルールだと思います。

●「深すぎず浅すぎず」が職場の人間関係のコツ

これは、私自身がふだんから実践していることです。例えば大学に行けば、同僚の先生方はたくさんいます。その誰とでも、できるだけ均等に話をするように努めてきました。そのため、好き嫌いというものがいっさいありません。

先生方の中には、「癖がある」「つき合いづらい」という定評のある方もいらっしゃいますが、私は気になりません。個人的にはいつでも話せる関係にあります。**深く話し込んではいない代わりに、評判を聞いて避けたりもしません。その適度な距離感を保つことが、ポイント**なのだと思います。

あるいは学生や卒業生に対しても同様です。彼らが30～40人集まる宴会がときどきあるのですが、「均等に話す」ことをモットーにしている私は、あちらのテーブルで20分、こちらのテーブルで20分と移動しながら話して回るのが常です。

だいたい宴会となると、腰を落ち着けて周囲の人とだけ話すことが多くなります。どれだけ人数が集まっても、ひと言も話さない相手が少なからずいるものです。学生や卒業生はそれでもいいのですが、彼らが「私の教え子である」という理由で集まっている以上、私が全員と話さないわけにはいきません。

まして、中にはわざわざ遠くから来てくれた人、久しぶりに顔を出してくれた人もいます。そういう人とも旧交を温め、「来てよかった」と思ってもらうために、私がグルグルと各テーブルを回っているわけです。

そうすると、特定の誰かとは気が合うとか、話しやすいといった感覚も湧いてきません。仮にそう感じ始めたら、その時点でさっさと切り上げ、逆に話が噛《か》み合わない相手とは、ちょっと厚めのフォローをしておきます。こういう〝リバランス〟を行うことで、誰かを贔屓しようという気にもならないのです。

これは、私が感情を殺しているからではありません。全員と均等に話すから、全員に対して均等の感情を持つという、ごく自然な論理だと思います。

教え方のポイント 4

「好き嫌いとなるような関係をつくらない」「誰とでも均等に話をする」を心がける

5 2人一組で動く――「バディ制」のすすめ

● 刑事はなぜ2人一組で行動するのか？

新人に〝成功体験〟を味わわせる方法の一つは、上司・先輩と協同で1つの仕事を成し遂げることです。

例えば5つのステップがあるとしたら、最初の1ステップだけ新人に主体的に動いてもらい、2～5のステップは上司・先輩が模範を示すというパターンでいいでしょう。それがうまく行ったら、次は新人に2のステップだけ責任を持たせる。こうして順番に仕事を任せていけば、仕事全体の流れを覚えることができます。

およそ仕事というものは、1人で完結することはまずありません。キャッチボールやパス回しのように、誰かがある程度の作業をしたら、それをまた誰かが引き継ぎ、また誰かに回していくという形で進行します。

そういうサイクルは、部署内の個人間でも、社内の部署間でも、社外の取引先との間でも存在します。その感覚と責任の重さを実感してもらうことが、特に新人には欠かせません。そのチュートリアルとして、上司・先輩と組んで1つの仕事を分担することに価値があるわけです。

ところが、「もう大丈夫だろう」とある部分を任せ切って放置してしまうと、気づいたときにはまったく無意味なことをしていたり、停滞したまま動いていなかったりすることがあります。下手をすると、何日もムダにしてしまうこともあり得ます。

上司・先輩にしてみれば「なぜもっと早く聞いてくれなかったの？」と言いたいところですが、「ちょっといろいろ迷ってまして……」などと曖昧な返事をされたりします。新人にもプライドや遠慮があるので、「いちいち聞くのは恥ずかしい」「仕事の邪魔をしては申し訳ない」といった意識が働くのでしょう。

これは、2つの意味でマイナスです。一つは言うまでもなく、肝心の仕事が前に進まないこと。そしてもう一つは、コミュニケーションがうまく行っていないことです。

たしかに人間どうしのつき合いなので、話が合わないとか、意地を張り合うとか、相性の問題なども出てきます。教える側は「他の誰かが教えるだろう」と呑気《のんき》に構え、教わる側も「とりあえずやっておけばいい」といい加減に考え、そのために必要なコミュニケーションを欠いてしまう、という場合もあるでしょう。

それを防ぐ方法としてよく使われているのが、**「バディ制」もしくは「チューター制」と呼ばれる仕組みです。新人1人に対して1人の先輩を専属で付け、タッグを組ませて一緒に仕事をしたり、経験知を教えたりするというものです。**実際、例えば刑事の世界では、ベテランと若手の2人一組で動くことが基本になっているそうです。場合によっては危険をともなう仕事であるという理由とともに、やはり捜査の経験知を伝授するという目的もあるらしい。人気ドラマ「相棒」の世界を、地で行っているといえるでしょう。

私も大学生時代、1人の留学生のチューター役を買って出たことがあります。日本人の新入生なら、大学生活とはどういうものか、授業のカリキュラムはどうなっているか等々、だいたいわかるものです。しかし留学生にとってはすべてが未知の世界で、しかも母国を離れて寂しい思いをしています。そこで勉強のみならず生活全般についてケアをしてあげようというのが、チューター制の意義でした。

職場でも同じでしょう。生活の面倒まで見る必要はありませんが、特に新人に仕事を丁寧に教えるなら1対1が望ましい。その意味でバディ制もしくはチューター制は優れていると思います。

●「バディ制」の必須条件は「安定した人格」

ただし、問題がないわけではありません。企業に就職した私の教え子たちに様子を聞くと、バディ制で付いた先輩こそが仕事上の大きなストレスになっている、ということがよくあるのです。

例えばすぐに感情的になったり、セクハラやパワハラまがいだったり、ものすごく厳しかったり、逆に大雑把すぎて何も教えてくれなかったり等々。しかも制度上、簡単には逃げられない。こういう場合、「いっそのこと、いないほうがまし」というのが教え子たちの感想です。たしかに、先輩なら誰でも付けばいい、というわけではないでしょう。教え方の上手・下手以前の問題として、端的に言えば人格的に問題のある人では困ります。人格は急には変えられないので、その下に付いた新人はわが身の不運を嘆くしかありません。「辞めたい」と考えたとしても、不思議ではないでしょう。

逆に言えば、**バディとして付くなら最低限、安定した人格でなければならない**ということです。仕事ができるからといって安定した人格とはかぎりません。ゴルフの世界では「プロ」と「レッスンプロ」がそれぞれいるように、「教える」という能力は別に考えたほうがいいと思います。その意味では、すべての先輩が均一に教育係を担う必要はないのです。

これは部署のリーダーが意識すべきことですが、バディ制でトラブルが発生した場合には、リーダーの管理能力が問われます。ましてハラスメントとして処理されたり、新人が辞めてしまったりした場合の責任は重大でしょう。

そうなる前に、リーダーは部署のメンバーを見極めて役割を分担する必要があります。その結果、指導役を免除されるメンバーがいたとしても、それは不公平ではありません。むしろ指導役になったメンバーの業務を軽減するような、メリハリのある配慮が大事になると思います。

●仕事として「人格」を演出せよ

もっとも、安定した人格でなくても、まったく制御できないということはないでしょう。プライベートがどうであれ、新人に対して安定しているように「見せる」ということは可能だと思います。

例えば、夏目漱石は「木曜会」という集会を長く主宰していました。毎週木曜日、自宅を開放して門下生を中心に大勢を集め、各自勝手に議論をさせるという気楽な会です。中には漱石に議論を挑む学生などもいたのですが、にこやかに対応して最後は論破するのが得意だったそうです。その意味では、さすがに漱石はたいへんいい先生だったといえるでしょう。

では、常ににこやかだったかといえば、そうでもない。奥さんである夏目鏡子さんが語った『漱石の思い出』(角川文庫)にも詳しいのですが、奥さんに対して癇癪《かんしゃく》を起こしたり、勢い余って鉢植えを割ったりなど、家庭ではかならずしもいい父親・夫ではなかったのです。

しかし漱石は、少なくとも学生にはそういう面を見せませんでした。無理をしていたのかもしれませんが、職業的使命感からか、人格を使い分けていたわけです。

誰でも、ある程度はこういうことが可能ではないでしょうか。家族に対しては甘えても、外に出れば役割を帯びた顔を見せる。新人の指導係であれば、そのときだけ安定した人格を装うわけです。かならずしも常にそうした人格でいる必要はないのです。

ポイントは、いかに「安定した人格」を演出できるか、ということです。相手が自分を見たとき、自分は相手に安定した人格という印象を与えているか。そういう観点で考えられれば、ある程度は人格をコントロールできるのではないでしょうか。

例えば、**特定の相手に会うときだけ「何があっても絶対に声を荒らげない」「相手の悪い面ではなくいい面を見る」「できるだけ笑顔を絶やさない」などと意識すれば、それなりに「安定した人格」と見なされる**はずです。

わざと不機嫌な顔をして威厳を保とうとするような人も、かつての職場にはよくいました。しかし今では、迷惑でしかありません。安定した人格を〝演出〟することも、教える側として不可欠な要素なのです。

教え方のポイント

5

教える人は相手に「安定した人格」と思わせなければいけない

第2章

何をどう指示するか

――「できない」を「できる」に変える

⑥ 教え上手のコツは「テキパキ感」

●「全体像」と「具体的な指示」の二段構えで教える

家電製品の取扱説明書を見ていて、イライラとしたことはないでしょうか。手っ取り早く操作方法を知りたいだけなのに、該当のページがなかなか見つからなかったり、記述がわかりにくかったり……。これでは、どれほど高機能な製品でも、メーカーに文句の一つも言いたくなるところです。

逆によく整理された取扱説明書に出合うと、それだけで製品やメーカーへの信頼度が高まったりするものです。

人が人に教える際にも、同じことがいえます。**中身も大事ですが、まずは印象です。回りくどかったり、モタモタしたりしてはいけません。とにかく必要なことを簡潔に、テキ**

パキ教えるよう心がけることが重要です。

そうすると、教えられる側も「この人は教え方がうまいな」と好感を持つようになります。その融和的な関係がコミュニケーションの土台となって、双方に余裕を持たせることができるのです。教える側は落ち着いて教えることができるでしょう。

では、どうやって「テキパキ感」を演出するか。これには、大きく2つのポイントがあります。

1つ目は、**最初に全体像を簡潔に説明すること。**組織としてどういうビジョンを持ち、そのためにどんな業務に取り組み、その中でどういう役割を担ってもらうのかを明らかにするわけです。

その説明を省略して「これをこうすればいいから」と言うだけでは、テキパキというより不親切でしかありません。地に足がついていない感じがするし、疎外感も覚えるでしょう。たとえ単純な作業を教えるにしても、位置づけを説明することは仲間に対する最低限の礼儀であり、チームワークの基本です。

ただし、あくまでも「簡潔に」が大切です。過去の経緯や細かい数字まで持ち出す必要はありません。映画のあらすじを30字以内でまとめるぐらいの感覚でいいと思います。

2つ目のポイントは、**できるだけ具体的に教えること。**もっともタチが悪いのは、「だいたいこんな感じでやってほしい」という言い方です。これでは漠然としていて、かえって何をしていいのか、悪いのか、わからなくなります。

むしろ、最初は「過保護」と呼ばれるくらいでもいいかもしれません。手取り足取り、マニュアルのような教え方でもいいと思います。あるいは自分が手本を見せてもいいでしょう。スポーツと同様、まずは基本を教え込むことが大事なのです。

ときどき中高年のビジネスパーソンの中にも、自身が携わっている業務の基本がわかっていない人がいます。入社当時に曖昧な指導を受け、そのまま年齢を重ねて今さら誰にも聞けない状態になってしまったのでしょう。これは本人の責任というより、当時の上司・先輩の責任です。

●大切なのは「優先順位」と「期間設定」

新人・部下に教えるべきことは、もちろん1つや2つではないと思います。なるべく早いうちに、ひととおり教えてしまいたいはずです。

しかし、ここで慌てると「詰め込み教育の弊害」が出ます。**最初はあまり数を増やさず、大事なこと、または簡単なことから優先順位をつけて「これだけやればいいよ」と教えたほうがいいと思います。それで一つ一つ、しっかり身につけてもらうわけです。**

森にはいろいろな動物がいるが、「まずは鹿だけ狙おう」とか「ウサギの捕り方を覚えよう」などと限定する。鹿には鹿の、ウサギにはウサギの特性があるので、それを理解させながら実践させる。もし他の動物が目の前を通り過ぎたとしても、とりあえずは無視していい。そんなイメージです。

ここで重要なのは、期間を設定することです。「とりあえずこの2週間で、これだけできるようになろう」と区切れば、目標が定まります。さながらミニキャンプのようなものといえるでしょう。この繰り返しによって半年なり1年なりが過ぎれば、かなりの戦力になっているはずです。

また教わる本人にとっても、これなら緊張感とやりがいが持続します。余計な心配をせずに目の前の仕事をこなしていこうという気にもなります。それに成長も実感できるのではないでしょうか。

例えばレストランの厨房《ちゅうぼう》に新人が入ってきたとして、最初は皿洗いを命じたとします。

それも、ただ「やれ」と言うだけでは、おざなりに洗うだけかもしれません。しかし、前述の「テキパキ感」を出す2つのポイントに従って、以下のように指示したらどうでしょう。まずは全体像の説明から。

「厨房で皿洗いがいなければ困る。皿洗いは難しい仕事ではない。でも、それを君に任せることができれば、他のスタッフが助かって全体の生産性が上がるから」

そして作業の手順を説明し、期間を区切ります。

「まずはこの2週間、皿洗いに専念してほしい。素早く丁寧に洗う方法を考えて」

こういう言い方をされれば、「ちょっとがんばってみようか」という気になれるのではないでしょうか。

そして2週間が経過したら、次の2週間は例えばサラダづくりに専念させてみる。こういう〝カリキュラム〟を提示することが、上司・先輩の重要な役割だと思います。

教え方のポイント
6

①全体像を簡潔に、②できるだけ具体的に、③目標の期間を設定する

7 「十を話して一を知る」ものだと覚悟を決める

●部下の「推測力」に期待してはいけない

『論語』の中に、「一を聞いて十を知る」という有名な言葉が出てきます。弟子の子貢が孔子に向かい、「(同じく弟子の)顔回は一を聞いて十を知る。それに対して自分はせいぜい二を知る程度です」と言うと、孔子が「自分もお前と同じだよ」と慰めるのです。

世の中には、たしかに勘の鋭い人がいます。わずかな情報ですべてを理解または推測してしまうような人です。地頭の良さに加えて、膨大な知識や経験のなせる業《わざ》でしょう。

しかし、こういう人は滅多にいません。子貢のように「二」を知る人さえ少ない。むしろ多くの人は、「一を聞いて一を知る」もしくは「十を聞いて一を知る」レベルではないでしょうか。あらゆるコミュニケーションにおいて、そう思っておいたほうが無難です。

まして新人や部下に教える際には、顔回レベルを期待してはいけません。なまじ期待して「言わなくてもわかるだろう」と説明を省くと、たいてい裏切られます。

それを「どうしてこれぐらいできないんだ?」などと責めたりしたら、今度は人間関係がギクシャクしてきます。**言われる側にとっては、指導や説明を受けていないことを「やれ」と言われても、できないのが当たり前。理不尽さを感じて、「この上司は冷たい」「人格に問題がある」などという印象を抱きかねないのです。**

これは、けっして極端な話ではありません。今の若い人は、良かれ悪《あ》しかれ公平を求める気持ちが強く、理不尽さを嫌います。また、叱られることも過度に嫌います。そのエネルギーが、人格攻撃に向かうこともよくあるのです。

つまり、予測力や推測力をあまり期待してはいけないのです。極端に言えば、「言われたことしかできない」と肝に銘じ、何かミスがあれば「細かく指導できなかった自分が悪い」と反省するぐらいの覚悟が必要なのです。

例えば接客にしても、大得意の常連客と冷やかし半分の一見《いちげん》さんとでは、もてなし方を変えるのが当然でしょう。それを一律に接するようでは、社会人としては「わかっていないな」という印象になります。しかしそれも、わからせなかった上司・先輩の責任です。

「顧客にはＡＢＣＤという段階があって、Ａに対してはこう、Ｂに対してはこう、Ｃに対してはこう、Ｄに対してはこう接する」と細かく教える必要があります。「一から十まで、箸《はし》の上げ下ろしまですべて教えなきゃならないのか」と思われるかもしれませんが、実はそのとおりなのです。

それができない人は、「教え方が下手」と自覚したほうがいいでしょう。もはや現代においては、「1と2だけ教えれば3以降は自分で考えるだろう」は通用しないのです。それはかえって、お互いのストレスを増やすだけです。

●教える側は「マニュアル人間」になれ

同じく『論語』には、「一隅を挙げてこれに示し、三隅を以《もっ》て反《かえ》らざれば、則《すなわ》ち復《ま》たせざるなり」という言葉も登場します。孔子が弟子に対し、「1つの隅を見せたら、残りの3つの隅を自分の想像力で推測するぐらいでなければ、教えない」と説いているのです。これは弟子たちの能力というより、学ぶ姿勢や意欲を問うた言葉です。

しかし残念ながら、現代ではやや事情が変わってきています。そもそも孔子の弟子たちは、自らの意志で孔子に従っています。つまり「人格者になりたい」とか「官僚として国家で活躍したい」という意欲が高いわけです。

もちろん現代のビジネスパーソンも、その仕事がしたくて今の会社を選んでいるはず、と言いたいところですが、実際には必ずしもそうではありません。「たまたま採用されただけ」「本当は別の部署に配属されたかった」「給料さえもらえればいい」という人も多いのではないでしょうか。

そういう人に教えなければならない場合、「一隅だけで三隅を推測しろ」と言っても無理な話です。

例えば、「今すぐ飛び込みで営業に行ってこい」と指示したとします。社会人としての厳しさを教えるという意味では、なかなか効果的かもしれません。しかしそれを「勉強になる」と意気に感じる若い人は、多くないと思います。それよりも「扱いが粗雑」「何をしていいかわからない」と戸惑い、早々に転職を考えるのではないでしょうか。

つまり、**今の若い人には、四隅すべてを教える必要があるのです。そこで効力を発揮するのが、マニュアルです。**「マニュアルどおり」とか「マニュアル人間」というと、どちらかといえばネガティブに捉《とら》えられがちです。しかし「一から十まで」漏れなく教えなければならないとすれば、マニュアルがあったほうが便利なはずです。

ただし、ここで言うマニュアルとは、教える相手に渡すためのものではありません。教える側が持つ、いわば〝アンチョコ〟です。

冒頭にも述べましたが、家電製品などの取扱説明書には、けっこう分厚いものが少なくありません。別に簡易版を付けている場合もありますが、いずれにせよ、ユーザーである私たちとしては、面倒なのでできるだけ読みたくないものの一つでしょう。操作がわからなくなったときだけ、さっと該当箇所を開いてみる感じだと思います。

家電製品なら、それでもいいでしょう。便利な機能の使い方に気づかなかったとしても、さして問題ではありません。しかし仕事となると、そうも行かず、ひととおりは覚える必要があります。だからマニュアルが必要なのです。

とはいえ、取扱説明書と同様、仮に「よく読んでおくように」と手渡したとしても、真面目に読む人はほとんどいないと思います。それにもし読んだとしても、経験知が乏しい分、実感として理解できない部分が多々出てくるはずです。これは労力のムダでしかありません。

だから、**教える側がマニュアルの内容を頭に入れておく必要があります。そしてマニュ**

アルどおり、まず自分が実践して見せるわけです。その上で「じゃあ、今のとおりやってみて」とその場で指示すれば、たいていのことはできるはずです。あるいは、できるようになるまで何度でも繰り返す忍耐力も欠かせません。つまり、教える側こそが「マニュアル人間」になるわけです。

ここで持つべきマニュアルには、注意すべき点が2つあります。一つは、**あまり細かすぎないこと。**覚えきれないようでは元も子もありません。作業の基本さえ押さえておけば十分です。

もう一つは、**最終的なゴールが見えていること。**先にも述べたとおり、その作業にどういう意味があるのか、全体像がわかるようにするわけです。そこから逆算して、今の段階ではこれをやる、次にこれをやるという段取りを決めておけば、仕事の要領を覚えやすくなるはずです。

教え方のポイント
7

上司・先輩は教えたマニュアルの内容を自ら実践して見せる

8 指導内容を「編集・分解」する

● 教えるべきことは「3つ」にまとめる

作業には、手順・段取りというものがあります。**教える際にはその順に沿うのがオーソドックスですが、数が多すぎると混乱を招きます。どんな作業を教えるにせよ、せいぜい3段階にまとめたほうがいい**と思います。

人間の脳には、記憶の限界というものがあります。私の経験で言えば、その数はせいぜい3つ以内。長年にわたって大学生にいろいろな指示を出してきましたが、同時に4つ以上を出すと、1つは忘れられることがよくあります。仕事でそんなリスクを冒す必要はないでしょう。

問題は、どう3つにまとめるか。ここで教える側の〝編集能力〟が問われます。

できるだけ枝葉の部分を切り捨てて、幹の部分だけを残すようにする。それは、自分自身がいかに仕事の本質を理解しているかを見つめ直す作業ともいえます。

その上で、「何か混乱したり、わからないところがあったりしたら質問して」と言い渡しておけばいいのです。こういうセーフティネットを張っておけば、教わる側が立ち往生したり、推測で暴走したりすることもないはずです。

なお、作業内容や相手によっては、作業内容を3つどころか1つに絞ったほうがいい場合もあります。それなら、無理をする必要はありません。**まず1つをマスターしてもらってから次の1つに進み、それが終わったらもう1つを教える。こうして3つを終えた時点で、あらためてその3つを同時にこなしてもらえばいい**のではないでしょうか。

●〝分解指導〟のすすめ

あるいは、**1つの作業が複雑なら、それを分解して教えるという手もあります。**

先日、あるテレビ番組で、テニスの初心者向けにサーブの上達法を教えていました。サーブは、右利きなら左手でトスを上げて右手に持つラケットで打つわけですが、これがなかなか難しい。最初のうちはかすりもせず、空振りばかり繰り返すということもよくあります。

そこで番組では、動作の一つ一つを分解して指導していました。まずは右手を使わず、左手でトスを上げるだけの練習をする。実はこれも、簡単なようで難しいのです。真っ直《ます》ぐ上に行かなかったり、高さが安定しなかったり……。これでは、いくらラケットを振っても当たりようがありません。私も学生時代はテニスにのめり込んでいたのでわかるのですが、こういうトスでは、プロでもそうそう打てないと思います。

逆に言えば、初心者がサーブを打てない理由の一つを早々に見つけたわけです。ならば、ここだけ徹底的に練習して安定させればいいのです。その意味で、なかなか理にかなった指導方法だと思います。

次に番組が取り組んだのは、地面に膝《ひざ》をついた体勢で、ネットの近くからサーブを打つこと。初心者がぶつかるもう一つの壁は、体幹が安定しないことです。上半身と下半身がバラバラに動き、身体《からだ》の軸がブレるため、いいサーブにならないのです。

しかし膝をつけば、身体の不安定さという問題は脇に置くことができます。それにトスが安定してきた上、ネットにも近いので、とりあえずボールはラケットに当たって相手コートに入るようになります。

実際に番組では、少しずつネットから離れ、立ち上がって打ち、短時間のうちにそれなりのサーブを打てるようになっていました。まさに〝分解指導〟の賜物でしょう。

こういう教え方は、職場でも応用できます。**難しい課題に直面したとき、ただ「やれ」では前進できません。そこには複数の作業が絡んでいるはずなので、それらを分解し、できそうな部分から順番にやらせてみるわけです。**どう解体して切り分けるかが、教える側の腕の見せどころです。

教え方のポイント

8

3つにまとめる、分解するなど、教える側は〝編集能力〟が問われる

9 〝成功体験〟が上達への近道

●「できるわけがない」から「できそうだ」へ導け

前出のサーブを教えるテレビ番組では、もう一つ、優れた工夫がありました。最初にネットの近くで打たせ、相手コートにボールが入る感触を摑《つか》ませることです。「サーブはこうやって打てばいいのか」「こうすればコートに入るのか」という小さな〝成功体験〟が、次のチャレンジへのモチベーションにつながるのです。

教育の基本は、簡単な課題の中に少しだけ難しい要素を混ぜてクリアさせることです。

それを繰り返すことで、やがて大きな課題をクリアできるようになるわけです。最初から難しすぎればやる気が出ず、かといって易しすぎてはつまらない。その匙《さじ》加減が重要なのです。

あるいは、**最初からゴールを疑似体験してもらうという手もあります。**例えば子どものころ、初めて自転車に乗る練習をするときに補助輪を付けた記憶のある人は多いと思います。けっして倒れないという安全性を確保した上で、２輪で走っているような感覚を覚えたわけです。

これに慣れてきたら、次は補助輪の片方だけ外して様子を見る。それにも慣れてきたら、もう片方も外していよいよ本格的に乗れるようになる。こういうプロセスを辿《たど》った人が多いのではないでしょうか。

あるいは習字にしても、筆を持つ生徒の手を先生の手が覆うように摑み、一緒に手本を書くことがよくあります。そうすると、先生に助けられているとはいえ、「どう手を動かせば上手に書けるのか」という感覚はわかります。

いずれにしても、**ポイントは「できるものなんだ」という感覚を摑ませることです。**「とてもできそうにない」「できるわけがない」と思ってしまうと、一気に上達へのテンションが下がります。逆に「できそうだ」と思えれば、多少の困難はクリアしようという気になります。特にスポーツや芸事など、身体を使う場合には有効な手段です。身体は優れた記憶装置であると同時に、モチベーションの源泉にもなるのです。

仕事も同様でしょう。身体を使わないデスクワークや接客だったとしても、とにかく1つの仕事を成し遂げることができれば、「できるものなんだ」と思えるようになります。そういう経験があると、その後は応用編として「精度を上げればいいだけ」と前向きに捉えられるようになるのです。

そこで**教える側としては、9割方の手助けをして、1割だけ本人にやらせるという手もあるかもしれません。とても一人前の仕事とは呼べませんが、一緒にゴールに到達することで、とにかく自信を持ってもらうことを優先するわけです。**

●「最高峰」を見せてその気にさせる

「ゴールを知る」ことが大事という意味では、**最初から最高峰のゴールを見せるという手もあります。**

例えば、かつてサッカー日本代表のメンバーだった高原直泰《なおひろ》選手の場合、中学時代のチームの監督に「君はファン・バステン（往年のオランダ代表の名フォワード）になれ」と言われたそうです。それだけではなく、同選手の活躍するシーンを集めた映像集まで渡されたとのことです。

渡されたのは高原選手だけではありません。監督はそれぞれのポジションの選手に、それぞれの特性に合った名選手の映像集をプレゼントしたらしいのです。たいへん立派な指導者だと思います。

いくら若き日の高原選手でも、いきなりファン・バステンになれるはずがありません。しかし、監督に言われればその気になります。しかも、映像を繰り返し見てプレーを目に焼きつければ、なんとなく一歩近づいたように錯覚できます。

実際、自分のプレーにもそのイメージが反映されるかもしれません。それによって「上達したな」と感じたとすれば、それは本当に上達しているのだと思います。これも一種の〝成功体験〟でしょう。

ビジネスパーソンの場合も、これはたいへん有効だと思います。自分と同じ業界・業種には、かならず「最高峰」「トップランナー」「伝説の人」などと称される有名人がいるはずです。そういう人は、たいてい著書を出したり、誰かが伝記や評伝を書いていたりします。

教える側の人なら、そういう知識は頭に入っていると思います。自身がかつて読んで勉強したり、刺激を受けたりした本もあるでしょう。それを部下や後輩に渡すだけでも、かなりの教育効果を期待できるのではないでしょうか。相手の性格や仕事内容に合わせて本を選ぶことができれば、もっと効果的です。

概して今の若い人は、非常に謙虚だという印象があります。悪く言えば、すぐに自信を失ったり、自己否定に陥ったりします。放っておくと、すぐにネガティブな発想に陥りがちなのです。

だから、**「できない」というマインドを、なるべく早く「できる」に転換する必要があります。それが"成功体験"であり、"補助輪"であり、"最高峰を見せる"ことなのです。** かなり過保護のように思われるかもしれませんが、今はそういう時代なんだ、と割り切って考えたほうがいいでしょう。

教え方のポイント

9

「できるものなんだ」という感覚を早く摑ませる

10 教えた成果を確認して新たな指示を出す

●「フィードバック回路」を持つ

教える側に欠かせないのは、教育の効果を確認することです。会社組織でいえば、報告書などで仕事の成果を報告させるということになるでしょう。

面倒くさがりの上司の場合、例えば営業の仕方をひととおりざっと教えて「行ってこい」と送り出し、そのまま何も報告を受けなかったりしますが、これでは教えたことになりません。あるいは、「うまく行きませんでした」「たいへんでした」といった〝印象報告〟も意味がありません。きちんとしたフィードバック回路をつくることが大事なのです。

例えば、「2週間、こういう営業をしてみて」という指示を出して送り出したとします。すると2週間後、結果がどうだったかという報告を聞くはずです。それによって再教育が必要だとか、自身の営業方針を見直すとか、さらに2週間延長するといった判断が可能になるわけです。

問題は、その聞き方です。一般的には、「で、どうだった?」となんとなく聞いてしまうことが多いでしょう。これは全体的な話をゆっくりしながら本当のところを探っていく聞き方で、時間がある場合や、上司にコミュニケーション力がある場合には悪くありません。

しかし、たいていの職場は忙しいし、コミュニケーション力も覚束《おぼつか》ないとすれば、もっと手っ取り早く要点だけを聞いたほうがいいのです。そのポイントは、大きく2つです。

1つ目は、**2週間試した成果。どのぐらいの比率で、どういう反応が出たのか、印象ではなく数字で語ってもらうことです。**これでおおまかな成否はわかるでしょう。

2つ目は、**当人が経験した具体的なケースを3件挙げてもらうこと。それも「失敗したケース、中途半端なケース、うまく行ったケースの3件がいい」とリクエストしてみれば、よりリアルに反応を摑めると**思います。

さらに、当人にこうして直接語ってもらうなり、報告書にまとめてもらうなりすることで、もう一つ見えてくることがあります。当人がどれだけ本気で取り組んだのか、ということです。

中にはいい加減に取り組んで、3件も挙げられない人がいるかもしれません。上司としては「イラッ」とくるでしょう。「この2週間、何をしていたんだ?」ぐらいは言いたいところでしょう。

しかし、**「けっして叱らない」というのが基本的なスタンスです。ここでやるべきは、その報告から新たなミッションを見つけ出すことです。**例えば、失敗したケースを引き合いに出し、「この原因はここにあるから、これから1週間、この克服を課題にしてみよう」と指示するわけです。

●結果をもとに新たなミッションを与える

そもそも、**なぜ部下に報告させるのかといえば、上司がその中から新たなミッションを見つけるため、と言っても過言ではありません。**

もちろん、新たなミッションを与えた後には、やはりフィードバックを受ける必要があります。例えば1週間後、結果がどうなったのか報告を受けるわけです。この期日も、ミッションの内容も上司として忘れるわけにはいきません。

ここでは、単刀直入に「ミッションの効果はどうだったか」を尋ねればいいでしょう。それも、長々と報告を聞くのではなく、「さして効果がない」「まあ効果がある」「すごく効果がある」の3択から選んでもらう形にすれば、ごく短時間で結果がはっきりわかります。

このとき、「さして効果がない」「まあ効果がある」という回答だったとすれば、そのミッションは失敗です。だいたい日本人は、3択があれば真ん中を選ぶ傾向があります。このケースでいえば、「まあ効果がある」を選びたがるわけです。これは私から見れば、「さして効果がない」とほとんど同じです。言い換えるなら、**「すごく効果がある」以外はダメ**ということです。

この場合、失敗の原因は部下ではなく、上司にあります。部下は間違った指示に従っただけ、と解釈できるからです。部下の前で「自分の戦略ミスだ。申し訳ない」と素直に謝ってもいいと思います。

それを認めず、例えば「もう1週間やってみて」「もう少し工夫してみよう」と言うとすれば、うまく行かなかった責任を部下に押し付ける形になります。これでは、部下のモチベーションは下がるばかりです。間違いなく、上司に対して不信感を持つようになるでしょう。

仮にこういうミスを部下の責任とするなら、上司の存在は必要なくなります。部下がそれぞれ考えて行動し、査定はコンピューターにでも任せればいいのです。

上司が必要とされるのは、現状の全体像を把握し、責任を持って部下に次のミッションを与え、成果を出すためです。ミッションの結果は部下の能力ではなく、明確なミッションを与えたかどうかという上司の能力に左右されるのです。

教え方のポイント 10

部下に報告させるのは、上司がその中から新たなミッションを見つけるためである

第3章

教える重点ポイントは「段取り」

――上司と部下が流れを共有する

⑪「段取り」を意識させる

●意識さえすれば簡単に鍛えられる

仕事で重要なことの一つは、段取りです。仕事のほとんどは段取りで決まると言ってもいいでしょう。学校教育ではあまり習わなかったことですが、だからこそ社会人として、早くその重要性に気づく必要があります。

段取りを覚えることには、「その仕事がわかってきた」ことと同じ意味があると思います。チーム全体の段取りを踏まえ、その中で自分が担っている部分の段取りも把握していることが肝要です。あるいは全社的にも、さらには取引先を含めた段取りもあるでしょう。実は私たちは、多くの段取りに組み込まれて生きているのです。

これは、意識しなければ理解できません。「どういう段取りになっているのか」ということを常に考える癖をつけたほうがいいと思います。

以前、私は大学で「段取り力を鍛える」という授業を行ったことがあります。例えば、学生に料理番組の録画を見せた後、「どういう段取りで料理をつくっていたか、箇条書きで列挙してみて」という課題を出すのです。

このとき、事前に何も言わずに録画を見せると、段取りをまったく書けない学生が続出します。そもそも「段取り」という発想自体がないので、これは仕方のないことです。しかし、事前に「後で段取りを書いてもらう」と言っておけば、それなりに書けます。視聴している最中の吸収度がまったく違うからです。つまり、鍛えようと思えば意外に簡単に鍛えられるものなのです。

だから職場においても、ときどき上司が部下に「今、携わっている仕事の段取りを1から10まで挙げてみて」という指示を出してみればいいと思います。**これで部下がどこまで仕事を把握しているかがわかるし、「ここを抜かしているから、いつもミスが起こるのか」ということもわかります。欠けている部分があれば重点的に教えることもできます。**

例えば、5番目と6番目の段取りが怪しいなら、「この部分だけ、これから3日間、毎日報告して」と言い渡すという手があります。それによって内容をチェックし、必要なら修正するようアドバイスするわけです。また本人も意識して、段取りをよりクリアにマスターするようになるでしょう。

●「段取り」を見直して、時間と労力のムダを省く

段取りがどれほど重要か、ごく単純な例で考えてみます。

例えば将棋とは、いわば駒の段取りゲームです。同じ盤面、同じ持ち駒でも、プロならさっさと詰みまで行けるのに、アマチュアではモタモタして詰みを逃したりします。それは、駒を指す段取りをどこかで間違えているからです。プロどうしならまた違った能力が必要かもしれませんが、プロとアマチュアの差は段取り力の差といえるでしょう。

あるいは仕事に即していうと、例えばある会社や商品について調べてみるとします。そのとき、今なら真っ先に手を出すのがインターネットでしょう。そこでざっくり当たりをつけて、次に過去の新聞・雑誌記事を探したり、関連の書籍に目を通したり、場合によっては関係する人にアポを取って話を聞いたり、という段取りになると思います。

ところが、最初に報告書のフォーマットづくりから入る人がいたとしたら、どうでしょ

う。あるいは、いきなり図書館をさまよったり、専門書をじっくり読み始める人もいるかもしれません。いずれも極端な例ですが、これではいくら時間があっても足りません。

だから、**仮に上司が部下に調べものを頼むとします。その際には、どうやって調べるつもりか、その段取りも確認することです。**

例えば「方法を5つ挙げてみて」と問いかけ、もしインターネットが2番目以降にあるなら、「これが1番でしょ」と修正します。難しそうな専門書にチャレンジしようとしているなら、「それは最後、時間があればでいい」と翻意を促します。こうして部下の段取りを整えるのが上司の役割です。

これによって、まず大幅に時間と労力のムダを省くことができます。それに、部下が自分の仕事を意識化することにもつながります。業務のうちで何が重要なのか、メリハリをつけられるようになるということです。

それにもう一点、**上司と部下の間で段取りの共通理解が得られるようになります。**例えば上司が「今どうなっている?」と尋ね、部下が「○○をやっています」と答えれば、それだけで進捗状況がわかります。意思疎通のズレやコミュニケーションのミスを防ぐことができるわけです。

●「段取り」を共有すれば組織力がアップする

組織内で複数の人間が同じ業務に従事しても、個々人によって結果にばらつきが生まれることはよくあります。営業の仕事などは、その典型でしょう。それは個人の能力の問題、と考えがちですが、それだけではないかもしれません。私は、上司の段取り力も大きく関係していると思っています。

ベテラン社員と新人が同じ仕事をすれば、ベテランのほうがいい成績を残せるのは当たり前でしょう。しかし、いつまでもその状態が続くのはおかしいのです。部署としてミーティングを開き、それぞれの経験やノウハウを公開して共有したり、抱えている問題を相談したりすれば、全員フラットとまでは行かないまでも、差はある程度縮まってくると考えられるからです。

とりわけ試す価値があるのは、各自が作業の段取りを書いて持ち寄ることです。基本的に同じ仕事をしているはずですが、**ミスが少なくて成績のいい人の段取りは、細かく何段階にも分かれているものです。逆に後れを取っている人の段取りは、大雑把に書かれてい**

るのではないでしょうか。

これをすり合わせることは、特に後者にとってたいへん勉強になるはずです。自分の段取りには何が抜けているのか、どのあたりにもっと意識を向けるべきなのかが如実にわかります。つまり、段取りを通じて経験知を移動させるわけです。

実は段取りにはもう一つ、優れたメリットがあります。こうして各人に大きな差異があっても、**それが「能力の差」とは見られにくい**ということです。単に「知っているか否か」「間違っているか否か」という問題として片付けられる。だから、すり合わせもしやすいのです。

もちろん、中には自らの経験から工夫して段取りを編み出した人もいるでしょう。そういう人を惜しみなくリスペクトしつつ教えを乞えば、自分の段取りも整えられます。それによって部署全体の力の底上げができれば、全員にとってハッピーではないでしょうか。

教え方のポイント

11 仕事の「段取り」を把握させる

12 業務の停滞場所を探し当てる

●段取りの組み替えで「詰まり」を解消しよう

仕事に慣れていない新人は、「何がわからないのかが、わからない」という〝迷宮〟に入り込んでしまうことがよくあります。彼らが抱えるストレスの多くは、自身の能力不足より、こういう混乱が原因だと思います。

それを整理するのも、上司や先輩の役割でしょう。「ちょっと作業を止めて、今何をしているのか考えてみよう」「どうして時間がかかっているのか、一緒に確かめてみよう」と声をかけるわけです。

ある程度の経験があれば、新人の混乱の原因はすぐにわかるし、解決策を提示することもできるでしょう。「これはこうすればいいんだよ」「そこまでやることはないんだよ」

「この作業はカットしていいから、こちらを先にやろう」など、いいアドバイスを示すことができるはずです。

ポイントは、段取りの組み替えをしてあげることです。それによって一気に仕事が進むことが少なくありません。それはちょうど、水道管の詰まった部分を特定し、その部分を交換したり、迂回《うかい》ルートを開いたりする作業のようなものです。

詰まりが解消されれば、気分はいいはずです。ある種の爽快感を得られるでしょう。それがモチベーションにつながるのです。

だいたい日本人は、仕事そのものを嫌がることはあまりありません。「とにかくサボりたい」と思っている人は、割合としては高くありません。まして、他の人の仕事を滞らせてもかまわないと考える人は、滅多にいないでしょう。

嫌なのは、仕事が進まないことです。上司の指示が曖昧だったり、同僚の段取りが悪かったり、取引先がなかなか言うことを聞いてくれなかったりすることがストレスにつながります。それさえクリアできれば、職場は快適空間になるはずです。

私のような大学教員も、しばしば大学の事務仕事を任されます。数人が一室に集まり、郵便物の宛名書きと封筒詰めのような作業を行ったりします。

こういうときに重要なのは、やはり段取りです。誰が宛名を書き、誰が封筒に詰め、誰が最終チェックをするのか——その分担がうまくできれば、作業も捗《はかど》るのです。しかし、いくら偉い先生方でも、こういう作業が得意だとは限りません。その〝能力〟を勘案しつつ割り振る必要があるわけです。

もちろん、「面倒くさいな」と思いつつ集まるのですが、段取りを話し合ううちに熱を帯びてきて、いつの間にか意気投合してしまうのが常です。いわば〝効率化ゲーム〟のプレーヤーになるわけです。

その仕事自体に価値があるかどうかではありません。チームとしてのいい流れの中で仕事ができれば、気分がいいのです。どんな職場でも、これは共通しているのではないでしょうか。

●「空間と時間をマネジメントする」という感覚を持つ

共同で作業する際、なんとなく始めてしまうことがよくあります。しかし、その前に誰かがリーダーシップを取って、段取りを考える癖をつけることが重要です。このあたりは、慣れの問題でしょう。

手っ取り早く手を付けるべきは、空間と時間のマネジメントです。例えば先の作業の場合、私はまず室内の机を動かすことから始めました。広い場所だったのですが、離れて座ると作業効率が悪い。だから一カ所に机を集め、そこに並んで座って作業することにしたのです。

またある会議では5人が集まって、5種類の資料に目を通さなければならない機会がありました。資料をすべて人数分コピーしようという意見も出たのですが、それでは5×5で25部もつくることになる。さすがに紙のムダだし、時間もかかります。

そこで私は、「では今から5分ずつ、資料に目を通してグルグル回していけばどうですか?」と提案しました。これならコピーは必要ないし、ちょうど人数と資料の数が一緒なので、誰かが手持ち無沙汰になることもありません。

結局、この案が採用されて、合計25分で全員がすべての資料を読むことができました。ちなみにこれは採用に関する会議だったのですが、第1候補も第2候補も、皆の意見が一致しました。おかげで会議自体があっという間に終了しました。作業がスムーズに進んだからこそ、全員が気分よく議論に入り、あっさり合意できたのだと思います。

また教授会でも、いつのころからか資料の全員への配布を止《や》め、必要な人だけが目を通す「回覧資料」の形に変わりました。これは事務方の発案ですが、これによってコピーの量が大幅に減り、面倒な準備作業から解放されたそうです。

会社組織でも、会議用の資料づくりが仕事のようになっている人がよくいるようです。しかし、それは本当に必要なのか、会議が終わったとたんにゴミ箱に直行するようなムダな資料ではないのか、あらためて考えてみたほうがいいでしょう。当人がその作業から解放されれば、それは組織の戦力アップにつながるはずです。

教え方のポイント

12

仕事の「詰まり」がどこにあるのかを確認する

13 若い人の気質に合わせた「フォーマット」式指導法

●忠実で真面目な若い人が多いからこその形式

学生にレポート提出の課題を出すとき、よく出る質問が「何字で書けばいいですか」です。私としてはあまりこだわらないのですが、例えば「原稿用紙でいえば10枚、だから4000字ぐらいかな」と答えたとします。

そうすると、全員が見事に4000字前後のレポートを提出します。それも、わざわざ末尾に「四千何字」と字数を書き込んだりするのです。重要なのは中身であって、字数ではありません。仮に3000字でも5000字でも、中身が良ければそれでいいのです。

ところが、今の学生にはなかなかそれが伝わりません。**それは中身が悪いということではなく、とにかく量的・数字的なものに敏感なのです。目に見える基準に忠実に従おうと**

する真面目さがある、と言ってもいいかもしれません。

たしかに「クオリティが大事」といくら強調しても、どうやってクオリティを高めればいいのか簡単にはわからないのでしょう。その点、**数字的な指示ならすぐにわかります。これを指導に使わない手はありません。とにかく具体的な指示を出すということです。**

これは、職場でも同じです。「もう少ししっかりした報告書を書いてくれ」では通用しません。具体的に「この部分に必ずデータを入れて」「ここには統計を入れて」などと言えば、そのとおりに書き直してくれるはずです。

そしてもう一つ重要なのが、時間です。「できるだけ早く」などと曖昧な言い方をすると、提出がずっと先になったり、あるいは他の大事な仕事を放り出して専念しかねません。こういうところからコミュニケーションのズレが生じてくるわけです。

そこで「○日までにやってくれ」と具体的に指示すれば、そこから逆算して書く時間を捻出するでしょう。あるいはその日までに間に合わなかったとしても、「じゃあ明日まで待つ」と明確に次の期日を決めることができます。

いずれにせよ、**ポイントは「フォーマット」を提示することです。**例えば報告書なら、いつまでに、どういうタイトルで、どういう要素を入れ、何枚程度にまとめる、ということを逐一伝えるわけです。

つまり、前項の「段取り」を定型化したのが「フォーマット」であるといえるでしょう。「見本」のようなものを添えれば、もっといいかもしれません。誰がやっても同じものが出来上がるような、ほとんど〝設計図〟を渡すような感覚でいいと思います。

●どんな職場でも「フォーマット」は作れる

「フォーマット」には、トレーニング・メニューのような要素もあります。

例えば私は、レポートの書き方を指導することがよくあります。そのとき、国語の穴埋め問題の拡大版のような空欄だらけのプリントを渡し、「この空欄を指示どおりに埋めればレポートが完成するから」と言うこともあります。つまりこのプリントが、「フォーマット」になっているわけです。

空欄を埋めれば、話をどう展開すればいいのか、その流れを摑《つか》めるようになります。どれだけ具体的な話を盛り込めばいいのか、勘どころもわかってきます。しかも、これを一度覚えれば、レポートのテーマが替わっても応用できます。だからトレーニング・メニューになるわけです。

「フォーマット」が有効なのは、レポートや報告書だけではありません。例えば接客のマナーやクレーム処理の方法、さまざまな業務の段取りなど、たいていの仕事を教える際に便利だと思います。

問題は、そういう「フォーマット」を上司や組織として持っているか否かです。実はどんな組織であれ、その〝原型〟はあるはずなのです。それぞれに仕事のやり方というものがあって、それを時代に合わせて変化させつつ踏襲してきたからこそ、組織が今日まで存続しているのです。

しかし、それを明文化しているかというと、話は別です。だいたい口伝えやいわゆるOJT（On the Job Training）で鍛えるのが一般的で、「フォーマット」までは用意していない場合も多いのではないでしょうか。

それも悪くはないのですが、ある意味でもったいない。「フォーマット」は基本的に文書なので、教える内容に〝漏れ〟がなくなります。それに前述したとおり、**今の若い人は口頭でいろいろ言われるより、きちんとした「フォーマット」があったほうが早く理解できる**と思います。

また教える側としても、「このフォーマットに則《のっと》ってやってください」と言えば、それ以上に手取り足取り教える必要はなくなるかもしれません。「秘伝」と言うと大げさですが、同じ「フォーマット」で学んだ者どうし、結束が強まることも期待できます。

たしかに最初、「フォーマット」を作成するのは面倒です。しかし社内の数人でプロジェクトチームをつくり、それぞれの経験知を持ち寄れば、それなりのものが出来上がるはずです。

一度つくってしまえば、あとは毎年のように不具合を修正したり、新たな情報を加えたり、時代に合わせて変更したりすればいいのです。しだいに洗練された、しかもオリジナル性の高い「フォーマット」になっていくのではないでしょうか。

教え方のポイント
13

口頭で説明するだけでなく、「フォーマット」を用意する

14 「暗黙知」を共有する

●「個人知」を「組織知」へ

1970年代から80年代にかけて、日本企業は飛ぶ鳥を落とす勢いで成長しました。では、その強さの源泉は何だったのか。それを解き明かそうと1995年にアメリカで出版されたのが、野中郁次郎さんと竹内弘高さんの共著『The Knowledge-Creating Company』です。翌年、この本は邦訳されて『知識創造企業』（東洋経済新報社）というタイトルで刊行されました。

企業の価値は、どれだけ知識を創造し、活用できるかによって決まる。それには個人の持つ知識が組織で共有されるなど、移動したり変容したりする必要があるとしています。企業に欠かせないイノベーションは、この延長線上にあるわけです。

とりわけ日本的知識創造の特徴として挙げているのが、**「暗黙知」を「形式知」に変えること。**その事例として、ホンダの人気車種であるシティの開発プロセスを紹介しています。

最初にトップが開発チームに与えた指示は、「自社既存モデルと根本的に異なる製品コンセプトを考え出すこと」「低価格だが安っぽくない車を開発すること」の2つだけだったそうです。しかしこれが、開発チームに「非常にはっきりした方向感覚をもたらした」とのことです。

このとき、開発チームで多用されたのが比喩的な表現です。まずリーダーが「野心的な挑戦」という意味を込めて「クルマ進化論」というスローガンを考え、そこからメンバー内で議論を重ねて「マン・マキシマム、マシン・ミニマム」という第二のスローガンにたどり着きます。居住性と頑丈さを追求しようというわけです。

そこから、メンバーは「球」のイメージで方向性を定め、全長が短くて背が高いクルマをデザインする。それによって「トールボーイ」という製品コンセプトが生まれ、都市を走るには最適なクルマとしてシティが誕生したそうです。

ポイントは、感覚的なものを「スローガン」や「コンセプト」という形で言葉に置き換え、それを全員で共有してイメージを膨らませていったことです。いわば「個人知」を

「組織知」に変えたわけです。言い換えるなら、最初の指示が曖昧だったからこそ、逆にイメージを豊かに膨らませる余地が生まれた、ということでもあります。

新人にベーシックな業務を教える場合は厳密な指示が必要でしょうが、まったく新しいものを生み出す場合には、現場に裁量を持たせたほうがいいということでしょう。

そしてもう一点、同書はいかにも日本企業的な特徴を挙げています。**それが「冗長性」です。合理的に考えれば、組織内の重複やムダは排除すべきかもしれません。しかし、そういうものがあるからこそ、コミュニケーションが活発になり、認識上の共通基盤が形成され、「暗黙知」が移動しやすくなると説いているのです。**

要するに「勝手知ったる仲間内」のほうが話は早い、ということでしょう。これは感覚的にわかる気がしないでしょうか。

●「暗黙知」を部下に移動しよう

もちろん、こういうかつての日本企業的なスタイルが、万能というわけではないでしょう。例えばスティーブ・ジョブズの場合はまったく逆で、「とにかくシンプルにしろ」のように明確なコンセプトを打ち出し、部下の異論はいっさい認めずに従わせることで成功しました。一人の天才的かつ強烈な個性が、世界中で支持されることもあるのです。

また日本企業も、80年代のように元気いっぱいというわけではありません。しかしそれは、暗黙知の共有が時代遅れになったことを意味しません。むしろ個々の仕事が細分化され、人の出入りも激しくなり、暗黙知の共有がおざなりにされたことが、組織の弱体化を招いているのではないでしょうか。

これは、組織内で新人や若手を育てる際にもいえることだと思います。上司は暗黙知も経験知も持っていますが、若手は持っていません。その差を埋めることが教育であり、組織を強くする道であるということです。

その前提条件は、「暗黙知を共有しよう」というスローガンを持つこと。

組織における成長とは、端的に言えば暗黙知を共有することです。「できる人」「わかっている人」の暗黙知を部下の頭に移せば、ほぼ同じ結果を残せるはずです。そういう信念を持って暗黙知の移動を奨励することです。

ことあるごとに「暗黙知を移転しよう」とか「暗黙知を形式知に変えよう」と発言し続ければ、周囲も暗黙知を共有することの重要性を意識し始めるのではないでしょうか。

では、実際にどうやって移すか。それには、いくつかの方法があります。

まず前述のホンダの例のように、**比喩などの言葉を使って表現し、感覚として伝える手があります。** 思考する際、行動する際に、イメージは重要です。イメージをメンバー内で何度も確認し、クリアにしていくプロセス自体に意味があります。

あるいは、**「型」の練習を通して教える手もあります。** 例えば四股を練習すれば、力士の強靱《きょうじん》な下半身の使い方が小学生でもわかります。楽器の練習にしても、手本を聞きつつ自ら弾いてみなければ上達しません。これらも、暗黙知を習得するプロセスの一つといえるでしょう。しかも、身体《からだ》に覚え込ませるので言葉よりずっと強力です。

これは、前項までで述べた「段取り」や「フォーマット」にも通じます。とにかく理屈がわかっていなくても、上司や先輩のやり方をそっくり真似《まね》てみれば、感覚として摑めてくるのではないでしょうか。

教え方のポイント

14

「スローガン」や「コンセプト」を全員で共有してイメージを膨らませる

第4章

「褒める」ことが大切

――人をやる気にさせる技術

⑮「叱り」がなくても「教える」のは可能

●丁寧な口調でも「注意」できる

若い人が常に高いモチベーションを保っているとは限りません。怠けたり、指示どおりのことをしなかったり、仕事の期日を守らなかったりすることもあるでしょう。そういうときは、それが癖にならないよう、早めに注意する必要があります。しかし、「丁寧な口調で注意ができるのか」と思う人もいるでしょう。これが、意外にできるのです。

むしろ、**厳しい口調で厳しいことを言うと、いわば「厳しい」の二乗になって相手に大きなショックを与えます。それによって萎縮されたり、逆に反発されたりしたら意味がありません。厳しいことを丁寧な口調で言うから、漢方薬のように体内からじわじわと効いてくるのです。**

例えば私の場合、授業を欠席しがちな学生がいたとしたら、以下のように言います。

「出席が○回しかない人は、もう一回休んだら単位は出せません。これは大学の基本的なルールです。そのへんはご了承くださいね」

ただし、ひと昔前は違いました。もっと厳しい言い方で、学生を追いこんでいました。時代や学生の気質に合わせて、私も対応を変えているわけです。今の学生には、丁寧な言い方でも十分に通じます。キツすぎる言い方をすると、きっと私や大学に恐怖心を抱くだけでしょう。

授業で、全員に翌週までにレポートを書いてくるよう指示したとします。単に提出してもらうだけではなく、一人一人、それに基づいて全員の前で発表してもらうのが常です。ところが、中には書いてこない学生もいます。そうすると、他の学生のテンションはガクンと下がります。これは、授業に対するたいへんな〝ルール違反〟なのです。

そういうとき、もし私がキレて「書いてこいってさんざん言っただろう？　授業が進められないじゃないか」と叱ったらどうなるでしょうか。教室の空気はますます悪くなり、もう授業どころではなくなります。

空気の悪化は、その場にいる全員にストレスを与えます。叱るほうも、叱られるほうも疲れます。だからある時期から、**私は「叱る」「怒鳴る」という行為を止めることにしました。それでも教育は十分にできる**というのが、長く教壇に立ち続けた私の実感です。

だからこの場合、今なら例えば以下のような言い方をします。

「レポートを書いてこないのは、水泳の授業で水着を忘れて裸で泳ぐようなものです。自分は平気かもしれないが、周囲の人にはちょっとキツいですよ」

こういう比喩で若干の笑いを取れれば、空気は悪くならないし、本人も反省します。穏やかに注意をすることは可能なのです。

●「叱る」よりも「褒める」点を探そう

私は小学生を集めて教えていたことがあるのですが、そこでも同じスタンスを通していました。以前、その授業を2~3時間ほど見ておられた角川歴彦さん（現KADOKAWA会長）から、「齋藤先生、一度も叱らないですね」と感想をいただいたこともあります。特に意識したわけでもないのですが、たしかにキツい言葉で叱ったりはしません。それでも生徒たちは言うことを聞いてくれるのです。

もちろん、がんばればもっと伸びるのに、と思うことも多々あります。つい怠けたり、注意力が散漫になったりする生徒も少なくありません。

しかし、**そういう場面で大事なのは、とにかくプラスの部分を評価することです。**例えばテストで20点しか取れなかった子どもがいても、けっして「ダメじゃないか」とは言いません。「2割はわかっているんだから、それを拡大していこう」と励ます方向に持っていきます。これで、子どもはネガティブな気持ちにならずに済むわけです。

一方で**70点の子どもがいたら、相応に褒めた上で「あとはここだけ」と足りない30点の部分を指摘します。そうすると慢心しないし、次の目標も明確になります。**

職場で新人や部下を指導する場合も、こういうパターンでいいと思います。ポイントは、大きく2つ。一つは、**評価の軸をブレさせないこと。**学校のテストとは違い、社会人の成績はなかなか点数では表されません。だからこそ、いいものはいい、悪いものは悪いと是々非々で評価する必要があります。そういう公平性や冷静さを持っていれば、周囲から安定感のある人として信頼されるはずです。

言い換えるなら、評価に感情を混ぜてはいけないということです。好き嫌いや相性の問題と切り離すのはなかなか難しいですが、それを乗り越えてこそ、相手に聞く耳を持ってもらえるのだと思います。まして、部下や後輩がどんなミスをしても、怒ったり動揺したりしてはいけない。こういうときこそ、教える側としての真価が問われます。

もう一つのポイントは、やはり**最終的にプラスになるよう評価する**ということです。平たく言えば、「褒める」ことを主体にします。それによって自信を持たせ、もっといい結果を出そうというモチベーションを導き出すことを目指すわけです。

あるいはもっとハードルを下げるなら、新人や後輩がとりあえず明日も出社してくれることを目指す。「お腹が痛い」「体調が悪い」「行く気になれない」と休みがちになったとしたら、おそらくその原因の一端は教え方にあります。まだまだ「褒め」が足りないのでしょう。

この2つのポイントについて、もう少し詳しく考えてみます。

教え方のポイント

15

「叱る」ことをやめて、「褒める」を主体に教える

16 職場を「褒め」で埋め尽くす

●「褒める」「励ます」は業務の一環

連合艦隊司令長官の山本五十六が語ったとされている有名な言葉に、「やってみせ、言って聞かせて、させてみて、褒めてやらねば、人は動かじ」があります。

屈強なエリートが集まったであろう戦前の軍隊でさえ、これほど懇切丁寧な指導が必要だったわけです。おとなしい平成の若者が相手であれば、なおさら丁寧さが求められるのは仕方のないところでしょう。**とりわけ注目すべきは、「褒めてやらねば」の部分です。あるいは「励ましてやらねば」と言い換えてもいいでしょう。**今の時代こそ、いっそうそれが求められている気がします。

今の中高年層は若いころ、あまり褒められたり励まされたりした記憶はないかもしれません。それに、いちいち若い人に気を使って声をかけるのも面倒くさいでしょう。しかし、もう時代は変わってしまったと認識したほうがいいのです。**「褒める」「励ます」は業務の一環。その変化を逆転させることはできないのです。これらは、組織のストレスを減らし、若い人が上達していく根源的なエネルギーになります。さながら発電機のようなものので、組織にとっては皆がやらなければならない仕事なのです。**

これを繰り返していくと、しだいに肯定的な雰囲気が生まれてきます。相手の存在を肯定し、人間関係を肯定し、場の肯定にもつながる。「とにかく合格」「とにかくイエス」と言い続けることで、相手は自信を持って仕事に取り組めるようになるわけです。

逆にそうしなければ、その場に否定的な雰囲気が出てきます。さんざん誠意を持って丁寧に教えているのに、なぜか空気感の悪い人がいます。それは「褒め」が足りないからです。そうすると、教えられる側の発想がネガティブになり、もう会社に行くのも面倒に思えてきます。これは双方にとって不幸でしょう。

●マジックワードは「もっと精度を上げて」

とにかく**「褒め」が必要なのは、今の若い人の気質にも原因があります。日本の10～20代は、世界的に見てもっとも自己肯定力が低いのです。**

学力テストなどを見ると、たいてい日本はトップクラスに入ります。ところが「自分に自信がありますか?」「自分は価値のある人間だと思いますか?」と問うと、「いいえ」という回答がきわめて多い。これは、他国と比べて突出しています。

つまり**能力はそこそこ高いのに、自己評価は非常に低い。そのズレが大きいのです。しかし一方で、存在承認欲求は強い。「認めてもらいたい」とは思っているのです。**だから周囲の目を気にするタイプが多く、「わが道を行く」というタイプは少ないわけです。

そうすると必然的に、人に言われた些細《ささい》なことに傷つきやすくなります。自信がない分、それを跳ね返すことができません。だから、ちょっと不用意なことを言うと、ネガティブに考えて落ち込んでしまうのです。

そういう意味で、**かける言葉に気をつけるのみならず、会話の端々で肯定的な雰囲気を醸し出す必要があるわけです。**

私の場合、前述のように大学の授業でレポートの指示を出した場合、まず全員が書いてきた時点で「すごいよ。全員が持ってきたんだから快挙だね」と褒めます。次に1人30秒ずつで発表してもらうわけですが、その出来不出来も表面的にはあまり問いません。

では、ただ褒め続ければいいのかといえば、そうでもありません。実際には人によって出来不出来があり、修正してもらいたい部分も多々あります。それをピンポイントで指摘することも大事ですが、**ここで使える〝マジックワード〟が「精度を上げる」です。**

例えば「この部分の精度をもう少し上げてみよう」「こういう感じで精度を上げたら、もっと良くなる」と言われれば、「基本線はこれでいい」というニュアンスになります。

実際にはその部分の修正こそがもっとも大事だったりするのですが、学生たちが気分よく「精度」を上げてくれれば、それでOK。たいていは修正前よりずっと良くなります。

これは職場でも使えるでしょう。レポートに限らず、仕事の成果がいま一つの場合には、「もっと精度を〜」とアドバイスすればいい。教える側の本心はともかく、「これまでの仕事は認めている」「もっと期待している」というニュアンスで伝わるはずです。

教え方のポイント

16

「もっと精度を上げていこう」は励ましの言葉になる

17 すべてを「ポジティブ変換」する

● ミスの指摘は具体的に確認してから

新人や後輩がミスをしたり、やるべきことをしなかったりした場合には、教える側として注意する必要があります。しかしそれも、下手な言い方をすればかえって傷口を広げることになりかねません。

基本としては、感情的になったり、ネガティブな言葉を使ったりしないことです。前項の「褒め」とも共通しますが、すべて〝ポジティブ変換〟することです。

例えば、「こんなことしたらダメだろう」「なんでこうなった？　信じられないよ」「さんざん教えたじゃないか」「どうしてできないんだ？」等々の言葉は、職場で日常的に飛び交っていると思います。しかしこれらは、すべて必要ありません。そんな言葉を使わなくても注意を促すことは可能なのです。

まずやるべきなのは、事実関係を確かめることです。「ここでこういうミスをしたからこうなったんだね」と確認するわけです。けっして責めたりせず、冷静に尋ねるのがポイントです。

その上で、「どうしてこういうミスが起こったのか、今後どうやったら防げるのか、一緒に考えよう」と話を展開します。ひと昔前なら「自分で考えろよ」と突き放すことも可能でしたが、今ではもっとケアが必要です。こうして一緒に考えていれば、お互いに感情が入る余地はありません。ここまでが1つの流れです。

一緒に考えるといっても、アイデアを出せるのは教える側でしょう。自らの経験を踏まえつつ、「これはもっとこうしたほうが良くなるよ」などとアドバイスし、結論を導き出せばいいのです。ここでポジティブな言い方ができれば、その場が暗くなることもないはずです。

例えば、新人や後輩が大雑把でいい加減な報告書を書いてきたとします。それが何の役にも立たないことは、そこそこ経験のある人ならすぐにわかるでしょう。しかし、**それを口に出してはいけない。「本音は言わない」「最初の感情はグッと呑《の》み込《こ》む」というのが、**

教える側の〝たしなみ〟です。

また「書き直し！」と命じるだけでもダメ。再提出後の報告書が良くなっているという保証はありません。本人もどう書き直せばいいのかわからずに、苦労するだけでしょう。気分的にも良くはないはずです。

そこで、「具体的なポイントを箇条書きにしてくれたら、もっとわかりやすくなる」「行数をもう少し増やしてほしい」「割合や金額など、数字を入れたほうが説得力が増す」などとアドバイスして、「それだけ付け加えてくれないか」と言えば、「合格点をもらえた」という印象になります。「期待に応えて、もっといいものを書いてやろう」という気にもなるのではないでしょうか。

そして後日、再提出された報告書がきちんと修正されていれば、素直に褒めればいいのです。「ずっとわかりやすくなったね」「数字が入っているからイメージが湧きやすいよ」といった具合です。こういう「褒め」を経験すれば、次に報告書を書くとき、きっと同じレベルかそれ以上のものを仕上げてくるでしょう。

そうすると、教える側は一度もネガティブなことを言わず、叱らず、事態を改善することができるわけです。結果として、「職場においてネガティブなことはいっさい言わない」と決めてしまってもいいのではないでしょうか。

●世の中が厳しいからこそ、職場には「ポジティブ言葉」が必要

私が「ポジティブ」にこだわるのは、理由があります。今以上に職場の空気を悪くしてはいけない、という危機感を持っているからです。

職場でメンタルな問題を抱える人が多いことは、周知のとおりです。それは本人にとっても会社組織にとっても辛《つら》いことです。会社はできるだけメンタル・タフネスがある人を求める傾向がありますが、誰しもそう強いわけではありません。

しかも昨今の仕事内容は、肉体労働が減る一方、高度なサービスを要求される場面が増えています。例えばタクシーの運転手さんにしても、ひと昔前なら無愛想な人が相当数いたような気がします。しかし今、そういう人にはほとんど出会いません。おそらく無愛想な対応をすると、客からタクシー会社にただちにクレームが来て、注意されてしまうのでしょう。

おかげで、サービスの質はどんどん向上しています。ふつうに対応しているだけでも、

「愛想がない」と言われてしまうのかもしれません。つまり、サービス的な笑顔や上機嫌さが、恒常的に求められているわけです。

客にとって、これは歓迎すべきことでしょう。「もっと便利に」「もっと快適に」を要求する人もいて、会社としても競争上、それを可能にしようとするかもしれません。しかし当の運転手さんの中には、そういうことが得意ではない人もいます。以前なら、道を知っていて安全に運転できれば十分だったのに、今はそれ以上のものを求められるわけです。それをストレスと感じている人も多いのではないでしょうか。

あるいはひと昔前の職人気質《かたぎ》といえば、「口は悪いが仕事はできる」「頑固で無愛想だが腕はいい」といったイメージがありました。しかし今では、これは通用しません。愛想も良くしなければ、やはり人から避けられる。これは当の職人たちにとって、たいへんなストレスでしょう。

ましてホワイトカラーの仕事となると、もっとコミュニケーション力が求められます。**パソコンの普及でかつてよりずっと多くの仕事をこなすようになった上、例えばメール一通を送るにしても、相手への気遣いやそれを可能にする日本語力が求められます。便利になった分、仕事量も感じるストレスも格段に増えたわけです。**

しかも、徹底的に効率化を図り、人員も予算も削減している職場が少なくありません。一人にかかる重圧は、大きくなる一方です。経済動向がどうであれ、この傾向は今後ますます加速するでしょう。

そういう環境にあって、なおかつネガティブな言葉を投げられるのは辛いと思います。ただでさえ疲れているのに、ますます疲れるだけです。だからせめて、内輪での会話ぐらいは「ポジティブ」の一択でいいのではないか。それによってお互いに辛さを紛らわすことができるとすれば、それに越したことはないでしょう。

教え方のポイント 17

「ネガティブな言葉」を「ポジティブな言葉」に変換する

18 情報共有で「当事者意識」を持たせる

●「お前は知らなくていい」はやる気を削ぐ

「部下が主体的に動いてくれない」「指示待ち社員で困る」と悩む上司は少なくないでしょう。いくらハッパをかけてもダメ、結局指示を出す上司の負担が増えるばかり、というわけです。

これについては、元トリンプ・インターナショナル・ジャパン社長の吉越浩一郎さん（吉越事務所代表）が同社で実践されていた方法が参考になるかもしれません。それは**「徹底的な情報公開と情報共有」です。**

例えば社長室の秘書たちには、自身宛てのメールや書類をすべて読み、問い合わせにもどんどん答えていいと指示していたそうです。それによって、社長が不在のときでも業務が迅速に進むようにしていたのです。

吉越さんは、「自律的に判断してほしいと思うなら、情報をリーダーや一部のメンバーだけで囲い込まないことが重要です」と述べています。「実は多くの人は『言われる前にやりたいが、そのやり方が分からない、あるいは自分がやっていいのか分からない』という状況に置かれているのです」との指摘も、共感する人が多いのではないでしょうか（日本経済新聞電子版　２０１５年5月9日付より）。

たしかに、**いくら「主体的に」と言ったところで、部下たちは組織の一員です。組織の意向を無視するわけには行きません。その組織が何を考えているかがわからなければ、動きようがないのです。**まして今の若い人は、前述のとおり叱られることを嫌います。「チャレンジしろ」「失敗しながら覚えろ」と言われても、なかなか勇気は出せないのです。

例えば野球にしろサッカーにしろ、チームの作戦や戦術を知らされていなければ、どんな名選手でも自信を持ってプレーできません。しかもそれを「動きが悪い」などと批判されたりすれば、選手としては立つ瀬がないでしょう。

あるいは会社組織でも、一部の人が情報を握り、それを自分の権威付けに使おうとするケースがあります。部下に向かって思わせぶりに「お前は知らなくていい」などと言う上司がいるとすれば、部下はその上司のために働こうという気にはなれないでしょう。つまり、**部下が動かないのは組織または上司の責任ともいえるわけです。**

逆にすべて公開すれば、全員が動きやすくなります。情報を共有することで、部下も上司も関係なく、意思決定にも加われます。

「信頼されている」という誇らしい気持ちにもなるし、同時に組織の一員としての自覚や責任感も芽生えます。つまり全員が同じ資格を有し、戦える状態に入っていくわけです。こういう組織は、確実に強いはずです。

しかも現代は、それを実践しやすい環境になっています。一人一人に口頭で伝えたりせず、メールに資料を添付して一斉に送れば済みます。今すぐ全社的に公開することは難しいかもしれませんが、部署内なら可能でしょう。あとは、上司の考え方しだいではないでしょうか。

●部下の「悩み」まで共有できれば理想的

職場の情報共有には、もう一つ意味があります。部下がそれぞれの現場で得てきた情報を、部署内で提供し合うということです。

これは当たり前のように行われているようでいて、実はそうでもありません。「もう少し成果が出るまで黙っていよう」という場合もあるし、「これぐらいはいちいち報告する必要はない」と自分で判断してしまう場合もあります。まして自分にミスがあれば「できるだけ隠したい」と思うのが人情でしょう。

こういう〝隠蔽体質〟をつくってしまう原因は、やはり上司にあると思います。部下に対して「お前は知らなくていい」という態度でいれば、部下も「上司に知らせなくていい」という発想になりやすいのです。しかし、**上司が「何でも公開する」という態度に徹すれば、部下も「公開しよう」という気になるでしょう。その姿勢も、〝褒め〟の対象に成り得ます。理想は、部下が直面したトラブルや悩みまで、その部署の全員が共有すること**だと思います。

一人が「どうすればいいでしょうか」と全員に相談を持ちかければ、全員がそれぞれの経験から「こうすればいい」「こういうデータがある」とアドバイスを返す。それも全員が集まるのは手間暇がかかるので、メールのやりとりで完結すればいいのです。

こういうことが日常的に行われるようになれば、「何でも相談できるんだ」という雰囲気になります。またアドバイスを得たり、うまく行ったときに全員から賞賛されたりすれば、仕事にも自信を持てるようになるでしょう。その結果、部署の情報共有はかなり進むのではないでしょうか。

情報共有には、副次的なメリットもあります。**部下や新人が、上司や社長の仕事とはどういうものかを知ることができるということです。社長がどういう判断をしなければいけないのか、部長は何を求められているのか等々が見えてきます。つまり、マネジメントの仕方が空気感としてわかってくるわけです。**

これは、彼らにとっていい予行演習になるはずです。課長や部長のような役職に就いて初めてその仕事内容を知るのではなく、事前にある程度わかっていれば、少なくとも心の準備はできるはずです。

教え方のポイント 18

上司が情報を公開するほど、部下も情報を公開する

19 部下に「チャレンジ」の場を提供する

●時代は「自己実現」を求めている

大企業で安定した地位を得ていながら、あっさり退職してしまう人は少なくありません。理由を尋ねてみると、特に待遇などに不満があったわけではないものの、「別に自分じゃなくてもできる仕事だった」「ワクワク感がない」「自分で何かを始めたくなった」といった答えが返ってきます。傍《はた》から見れば「もったいない」と思うかもしれませんが、ある意味でこれは当然かもしれません。

人間は安全志向で現状を維持したいという気持ちと、殻を破ってチャレンジしたい、成長したいという気持ちの両方を持ち、常にその間で選択を迫られている……そう唱えたのが、心理学者アブラハム・マズローです。件《くだん》の社員は現状に退屈し、「チャレンジしたい」という気持ちを抑えられなくなったということでしょう。

もちろん、上司としては部下に簡単に辞められては困ります。そこでマズローの理論を少し知っておくと、部下との接し方のヒントを得られるかもしれません。「何のために生きているのか」「どうしてこの仕事をしているのか」という根源的な問いかけに答えられるだけのロジックを備えているからです。

マズローといえば「自己実現」や「欲求段階説」のような言葉で知られています。私たちは、人生の多くの時間を仕事に費やします。その時間が自身の成長につながってないとすると、虚《むな》しく感じられるでしょう。新人のうちはいいとしても、ひととおり仕事を覚えてルーチンになってしまったとすると、やはり気持ちが離れてしまいます。

まして、誰もが物質的にほぼ満たされている昨今、次に求めるのは精神的な豊かさです。単に働くだけではなく、仕事を通じてより充実感を味わいたい、生きている実感を摑みたいという願望が強くなっているわけです。

だから、**金銭的な報酬の問題ではありません。大事なのは、仕事そのものの〝やりがい〟です。成功して次のステップに進めるとか、新しいことを学べるという成長の実感が喜びなのです。**その意味で、マズローの理論が当てはまる時代が来たという気がします。

上司に求められるのは、部下にチャレンジできる場を提供することです。とはいえ、レベルが低すぎてはチャレンジにならないし、高すぎては「ブラック」と呼ばれます。ワクワク感が出るように、しかも継続的に段取りを踏みつつ用意する必要があるわけです。

●〝やりがい〟は一種類ではない

部下の〝やりがい〟の幅を広げることも、上司の役割かもしれません。例えば、クレームを受けてストレスを感じている部下がいるとします。そのとき、上司も一緒に頭を下げつつ、当人には「いい勉強になったじゃないか」「こういう経験を踏まえて成長していくものだ」とアドバイスを送ったとしたら、かなり救われるのではないでしょうか。いわゆる〝ポジティブ変換〟です。

これは気休めではありません。実際、第一線で活躍している人ほど、過去にいくつもの失敗を経験しているものです。成功ばかりでスイスイと出世した人がいたとすれば、何かのはずみで失敗した瞬間、対処に困って脆《もろ》く崩れやすいのではないでしょうか。若いうちに失敗を経験できれば、むしろラッキーともいえるわけです。

しかし失敗に直面している当事者にとっては、とてもそんな気になれないかもしれません。だから**社会人の先輩として、「これも自己実現の1プロセスである」と教える必要があります。成長の道は1本ではないということを知れば、部下も目の前の事象に一喜一憂せずに済むはずです。**

あるいは、「家に帰って子どもの笑顔を見るだけで幸せ」といった話をしてもいいかもしれません。家庭こそが生きがいであり、そのために会社での辛い仕事にも耐えられる、という人もいるでしょう。それも自己実現の一種だと思います。

ひと昔前まで、こういうことはよく居酒屋で話題になったものです。しかし今は、上司と部下が飲みに行くこともあまりないようです。この〝文化〟の途絶をどうフォローするかは、多くの組織が抱える共通の課題だと思います。

そしてもう一つ、マズローは重要な指摘をしています。チャレンジは、安全が保証された中で初めて可能になるということです。有名な著書『完全なる人間　魂のめざすもの』（上田吉一訳・誠信書房）では、小さな子どもは近くに母親がいれば安心して部屋の隅を探求して回るが、母親がいなくなれば探究どころではなくなる、という例を挙げつつ以下のように述べています。

われわれはこの実例を一般化して大丈夫だと思う。安全性が確かめられると、より高い欲求や衝動を発現させ、優勢にする。安全が脅やかされると、とりもなおさず、一段と基本的な基礎に退行する。

たしかに、「生きるか死ぬか」の勝負となると、なかなか簡単には踏み出せません。しかし「ダメでもともと、うまく行けばラッキー」という勝負なら、積極果敢に攻めてみようという気になるはずです。

部下にこういう環境を提供するには、上司の負担が欠かせません。「失敗しても責任は自分が取る」「今の地位は保証するから」と部下の背中を押すことができるか。その度量が求められるわけです。

教え方のポイント

19 部下が安心してチャレンジできるようにする

第5章

部下の本気を育てる

――上司は部下のコーチになろう

⑳ 上司は新人の「コーチ」になる

●一流のプロ選手にはなぜコーチが付いているのか？

一流のプロ選手には、一流のコーチが付いています。例えばテニスのロジャー・フェデラーは、ステファン・エドベリというかつての世界チャンピオンをコーチとして迎え入れています。

一時期、フェデラーはコーチを付けていませんでした。たしかに世界トップクラスの選手なので、今さら技術指導をするコーチなど不要でしょう。しかしあるときから、やはりコーチが必要だという考えに傾いたそうです。

現在世界トップのノバク・ジョコビッチも同様、ボリス・ベッカーというコーチを付けています。あるいは錦織圭には周知のとおり、マイケル・チャンがいます。テニスのすべてを知り尽くしているはずのトップ選手でさえ、コーチがいます。この事実は、もっと注目されていいはずです。

しかも、コーチは1人ではありません。フィジカルとメンタルと技術と戦術、それぞれに専任コーチやスタッフがいるのです。例えばウインブルドン大会を見ていても、「スタッフ席」で複数のコーチが拳を突き上げて応援している姿が映し出されます。今やテニスは個人の戦いというより、「チーム・フェデラー」「チーム・ジョコビッチ」「チーム錦織」の戦いなのです。

次元は異なりますが、**上司・先輩も部下・後輩のコーチのようなものです。それぞれが得意分野で現状を把握してミッションを考え、それを部下・後輩に実践させ、結果を見て修正して、また実践する。その繰り返しによって、個人のみならずチームとしての力を蓄えていく**のだと思います。

上司・先輩は自分の仕事だけで手一杯かもしれませんが、できる限り、そういう意識で部下・後輩に教えるべきではないでしょうか。もし組織の業績が伸び悩んでいるとすれば、厳しいようですが、それは部下・後輩に明確なミッションを与えていない上司・先輩の責任と考え、コーチとしての能力を疑ったほうがいいかもしれません。

●上司は「モチベーター」であれ

錦織選手が、マイケル・チャンコーチの登場によってグッと伸びたことは有名でしょう。それほど、コーチの存在は結果に大きな影響を及ぼすのです。

では、どういうコーチが優れているのか。これには、大きく2つの要素があります。一つは言うまでもなく、**技術的なコーチです。練習メニューを組み立てて課題を与え、具体的にトレーニングさせる能力が求められます。そしてもう一つはモチベーター、つまりモチベーションを上げる役割です。**

今の時代、とりわけ求められるのは後者でしょう。スポーツの世界でさえ、例えば高校の監督の中にはモチベーター専門の人が少なくありません。本人はまったくの素人でありながら、チームを全国大会に導いている例もあります。

あるいはひと昔前であれば、明治大学ラグビー部の北島忠治《ちゅうじ》監督もその一人でした。もともとは相撲部出身であり、ラグビーの選手だったわけではないのです。それでも伝統あるラグビー部を率い、国内屈指の強豪校に育て上げました。

戦術や技術に詳しいことは、かならずしもコーチの必要条件ではありません。それよりも、基本的な精神力やモチベーションを上げることができれば、コーチとして十分な条件を備えているといえるでしょう。

会社の上司も同様です。部署内の気分を盛り上げることができれば、それだけで立派だと思います。ピンチのときに「まだ行ける」とハッパをかけたり、「絶対に逆転するぞ」と励ましたり等々で、実際に気分は変わるのではないでしょうか。

その延長線上で考えるなら、対照的なのは部下の査定でキリキリしている上司です。例えば一カ月ごとに査定をまとめるとすれば、職場が殺伐としてきます。する側もされる側も嫌気が差してくるのではないでしょうか。

たしかに査定も、会社の重要な業務でしょう。

しかし、せめて1年程度の長い単位で見る余裕があってもいいと思います。「紆《う》余《よ》曲《きょく》折《せつ》があったけれど、最終的に結果を出したね」と言えるぐらいの期間のほうが、時間感覚としては違和感がない気がします。

●部下は「北風」よりも「太陽」で動く

例えばテレビ業界では、毎週出てくる視聴率に一喜一憂しています。詳細な分析を行い、「この企画のときが良くて、あの企画のときが悪かった」と侃々諤々《かんかんがくがく》の議論を行い、しばしば「スタッフを入れ替えよう」という話にもなります。しかしそういう番組に限って短命で、あっさり打ち切りになったりします。結局、ジタバタしすぎて地に足がついていないのです。

ふつうの会社組織の場合、数カ月で人が入れ替わることは稀《まれ》でしょう。最低でも1年は1つの部署に留まると思います。ならば、**1年後にゆっくり成長の跡を評価すればいいだけの話です。そう全員に呼びかければ、緩やかな気持ちで働けるはずです。**

ただし、緩いだけでは仕事まで緩くなってしまうので、一方ではモチベーターとして励まし続けることも重要です。その結果、1年後にどれだけ成長しているかを見ていればいいのです。それは個人の成長の記録であると同時に、モチベーターとしての上司の実力を測る場にもなるわけです。

「それでは部下が慢心してダメになるのでは？」と思う人もいるかもしれません。しかし短期で細かく査定しないことと、前述のとおり具体的なミッションを与え続けることは別です。

それに、緩いからといってダメになる人間は、意外に少ないと思います。期待されていれば、それに応えたくなるものです。**イソップ寓話《ぐうわ》の「北風と太陽」ではありませんが、上司は「1年後に伸びていればいい」と鷹揚《おうよう》に構えて人間としての大きさを見せたほうが、職場の雰囲気は良くなるはずです。**

職場はある意味で生活空間でもあり、一緒に働く人は運命共同体でもあります。北風ばかり吹かせると、居心地が悪くなってモチベーションどころではなくなります。**仕事で結果を出すこと自体は厳しいからこそ、太陽で場を暖めることが必要なのです。**それはまさに、上司の役割だと思います。

教え方のポイント

20

長期的な視点で評価する度量を持つ

21 明確な「目的意識」を持たせる

●目標は心を支えてくれる

水泳の平井伯昌《のりまさ》コーチといえば、北島康介選手や中村礼子選手をはじめ、多くのメダリストを育てたことで有名です。

オリンピックのような大舞台になると、最後に差がつくのはメンタルの問題でしょう。スランプに陥ったり調子が出なかったりするとき、気持ちまで負けていては勝てるはずがありません。そのときに我慢して、一つずつ努力を積み重ねられるかどうかが問われるわけです。

この点について、平井コーチは以下のように述べています。

〈勝負に負けた時、「なぜ自分は負けたのか」と自身の責任を自問自答できる人間にならなら

なければ成長できません。〉（日本経済新聞電子版　2012年9月6日付）

厳しい現実を前にしたとき、「ちょっと怪我《けが》をしていたから」とか「いろいろ条件が揃《そろ》わなかったから」等々、都合よく言い訳することは簡単です。それによって自分を追い込まず、事態をやり過ごしてしまうこともあるでしょう。

しかしこれでは、永遠に勝てません。**現実を直視して、自分をどこまで追い込めるかが重要**、と説いているわけです。

とはいえ、メンタルの強い人はそう多くありません。それを鍛えて「強い芯」をつくるには、**「明確な目的意識を持つことが大事」**と平井コーチは説いています。オリンピックに出場するような選手の目標は、もともと明確なはずです。より速く泳ぐこと、そしてメダルを取ること。これほど目標の明確な人は、世間を見渡してもそういません。ところがそういう選手たちでさえ、敗北や環境の悪さで目標を見失いがちになるのです。

だとすれば、**多くのビジネスパーソンが目的意識を持たず、そのために心が折れやすくなるのも当然かもしれません。場合によっては、自分が所属している組織に対してさえ、否定的な見方をしてしまうことがあります。**

ならば逆に、あえて明確な目標を設定してみればいいのではないでしょうか。例えばそれは営業成績の数字でもいいし、「課長になる」「将来独立・起業企業する」などでもいいと思います。目標やビジョンを個人的に設定できれば、多少の困難も乗り越えられるようになります。つまりメンタルもそれなりに鍛えられるのではないでしょうか。

●3カ月だけでもいいから本気を出させる

その手助けをするのも、やはり上司の役割でしょう。入社時は希望に燃えていたものの、日々の忙しさの中でそれを忘れてしまうことはよくあります。

ですから、ときどき**上司が「最終目標は何か」「何のために働いているのか」と話しかけてみることも重要だと思います。「それどころではない」と思われるかもしれませんが、頭の片隅にでも目的意識が復活すれば、それが仕事へのモチベーションの源泉になり得ます。**

これについては、私も思い当たるフシがあります。大学では主に教職課程の授業を担当しているのですが、学生のすべてが教職を目指しているわけではありません。「親に言われて仕方なく専攻した」という学生もいれば、「とりあえず資格だけ取っておこう」という学生もいます。

当然、こういう学生は授業での態度も消極的になりがちです。そこで私は、新学期の最初の授業で、以下のように話すことにしています。

「ここは教師を目指している人が集まる教室です。全員でその目的意識を共有しよう。プロサッカー選手を目指して練習している人の中に、アマチュアでいいと思っている人が混じると、全体の士気は下がりますね。そういう迷惑な人にならないように。

最終的に教師になる・ならないは個々人の判断です。しかし、この授業に出ている間だけ、それも最初の3カ月だけでも、フィクションでいいから教師を真剣に目指してみてください」

そうすると、学生たちは全員が真剣に授業に参加するようになります。いい加減な気持ちで専攻した人も、「本気で目指してみようか」という気になったりします。逆に「自分には無理そうだ」と気づく人もいます。いずれにせよ、目的意識が芽生え、真剣に授業に取り組んだ成果です。

こういう話は、職場でも有効だと思います。例えば新入社員を迎えた段階で、以下のように話してみてはどうでしょう。

「この部署でこの種の仕事をすることは、もしかしたら不本意かもしれない。しかし3カ月間だけ、とりあえず懸命に働いてみてほしい。そこから新たな目的意識が生まれる可能性がある。それは今後、どんな形であれ、長く働く上で、きっと自分を支えてくれるに違いない」

もちろん、今の仕事の延長線上に目標を見つけてくれれば、それに越したことはありません。そうならなかったとしても、若い人に社会人としての自覚を促したという意味で、これはたいへんな〝社会貢献〟だと思います。

教え方のポイント

21

「明確な目的意識を持つことが仕事の成果を高める」ことを教える

22 厳しさと細かさが「勝てる人」に育てる

●「勝つ喜びを味わわせたい」が人を育てる

シンクロナイズド・スイミングの世界では、中国チームがいつの間にか世界の強豪国の仲間入りをしました。それを主導したのが井村雅代コーチであることは有名でしょう。その前に日本チームを強豪国に仕立て上げ、中国でも期待に応えたわけです。

2014年から日本チームのコーチに復帰し、すぐさま世界と戦えるレベルにまで復活させて話題となりましたが、その手腕の秘密はどこにあるのでしょうか。

私もかつて、テレビ番組で井村コーチからお話を伺ったことがあります。また取材記事などにも目を通してみると、**まず感じるのは「覚悟」の強さです。日本チームであれ中国チームであれ、まるで武士のように不退転の決意で臨んでおられるのです。**

まず徹底しているのが、基礎体力のチェック。腹筋や背筋などの基礎トレーニングを、選手たちがキツくて泣き出すほど厳しく行うそうです。

しかも、選手たちを「ついてこられない人にオリンピックを目指すことは無理。だから去りなさい」と厳しく叱咤《しった》する。もはや、選手としてセンスがあるとかないとかのレベルではありません。ひたすら厳しいトレーニングに耐え、最後まで戦い抜く。そういう強い意志を持てる選手だけが残れるのです。

もう一つ特徴的なのは、**細部にこだわるということです。とりわけ基礎トレーニングについて、背筋や肺活量などがどれだけ足りないかをすべてきっちり数値で示し、追いつかせるのです。**

シンクロでは、身体《からだ》の軸の強さが求められます。それが一人でもブレると、全体の演技が崩れてしまう。だから、すべての選手の細部の一つ一つをきっちりと仕上げていくわけです。

その厳しさはどこから来るのか。かつて井村コーチにお話を伺ったとき、強調されていたのは「結果がすべて」ということです。結果が出れば選手たちは嬉しい。その喜びを味わわせてあげたい、とのことでした。それは自信につながり、井村コーチへの確固とした信頼になり、さらに上を目指そうというモチベーションにもなる。だから厳しいトレーニングにも耐えられるようになる、という理想的な循環が生まれるのでしょう。

会社組織の上司でも、ある程度の経験や実績があれば、**「結果が出る喜びを君たちに味わわせたいんだ」と部下に語ることは説得力を持ちます。「だからこれから3カ月、この業務を重点的に行って結果を出そう。そうすれば絶対に変わる」とハッパをかけることは可能**ではないでしょうか。

実際、どんな事業であれ、チームが徹底して何かに取り組めば、結果は自ずと変わってくるはずです。その成功体験が、次のチャレンジの原動力にもなります。問題は、最初に上司がいかに説得し、その気にさせるか、ということではないでしょうか。

●ミリ単位の「細部」にこだわる

また「細部にこだわる」という姿勢も見習うべきでしょう。

私も武術の経験があるのですが、型が1センチでもズレれば、それはもう致命的です。感覚としては、ミリ単位で修正していく感覚です。**鍛えれば鍛えるほど、この感覚は鋭く**

なり、それが上達のバロメーターにもなっているのです。

あるいはテニスでも、最近の大きな大会では「ホークアイ」というシステムが導入されています。コートを無数のカメラで取り囲み、ボールの落ちた地点がオンラインか否かを瞬時に見極めるというものです。さすがにコンピューター処理するだけあって、その解析力はミリ単位です。

テニスの試合には、「チャレンジ」というシステムがあります。選手が審判の判定に異議を唱え、あらためて確認することを要求できる。そこで活躍するのが「ホークアイ」というわけです。

面白いのは、一流選手ほど「チャレンジ」の成功率が高いことです。テニスはボールがラインの外側にほとんど出ていても、ミリ単位でオンラインなら「イン」になります。一流選手は、それを瞬時に見分けているわけです。自分の打った感触と、現実とのブレが少ないということでしょう。

一方、下位選手になるほど、その精度は落ちていきます。自分の足元で10センチほど「アウト」になっているにもかかわらず、しかもそれを審判をはじめすべての観客が見届けているにもかかわらず、「インじゃないか」とチャレンジして失敗するようなケースがよくあります。

おそらくその差は、ふだんの練習から生まれるのでしょう。**下位選手は、センチの単位でなんとなく感触を掴《つか》み、それに対して一流選手は、ミリ単位の感覚を磨いている。それが試合で露骨に現れるのです。**

技術者は別として、ふだんの仕事でミリ単位を意識している人はあまりいないかもしれません。しかし、優秀と呼ばれる人はやはり細部にこだわっているはずです。

例えば、何かのプロジェクトが終わったとします。なんとなくの感覚で「成功した」「失敗した」または「良かった」「悪かった」と振り返ることはありますが、それだけではダメです。**何がそういう結果をもたらしたのか、詳細に分析する必要があります。突き詰めていくと、微妙な差異が成否を分けていたことがわかるかもしれません。そこまで分析することが自身の感覚を磨くことになるし、次のプロジェクトの糧《かて》にもなるわけです。**

あるいはコミュニケーションにしても、細部には多くの情報が詰まっています。単に「同意してくれた」「反対された」だけではなく、相手も乗り気だったとか、何か含むものがあったとか、余計な話をして気持ちが離れてしまったとか、そういう細かい変化にも気を配る必要があります。いわゆる「人情の機微がわかる人」とは、これができる人を指しているのだと思います。

例えば1時間ほど話したとすれば、相手の感情は1分単位で変わると考えたほうがいいでしょう。つまり60の起伏があるわけです。それを察知して刻々と話し方を変えたり、話題そのものを替えたり、強く押してみたりするのが、「話し上手」への道なのです。

もちろん、部下と話しているときも同様でしょう。「上司の言うことなら素直に聞くだろう」と思ったら大間違いです。最初は聞く姿勢を取ったとしても、しだいに「つまらないな」「早く終わらないかな」と思い始める可能性はかなりあります。

その変化を観察し、早々に切り上げるなり、相手に喋《しゃべ》らせるなりして対応することが、上司として不可欠な気配りではないでしょうか。

教え方のポイント
22
「ミリ単位の感覚を磨く」ことが「自身の感覚を磨く」ことになると教え込む

23 現実を見せて「本能」を呼び覚ます

●人間は自己修正機能を持っている

第2章でも述べたとおり、人間を上達させるためにはフィードバック（修正）のシステムをつくることが欠かせません。**自分の行為と結果との対応関係を明確にできない人は、いつまでも上達しないのです。**

そこで参考になるのが、ティモシー・ガルウェイの著書『インナーテニス』（日刊スポーツ出版社）です。もともと同氏は、「インナーゲーム」という概念の提唱者でした。心の中で自分に文句ばかり言っている自分を黙らせることが、スポーツで強くなる道である、というものです。

例えば『インナーテニス』では、「バウンド地点の確認実験」というものを紹介しています。

テッドというプレーヤーは、強烈なフォアハンドを持つ一方、ボールのコントロールが苦手でした。そこでコーチである著者は、2人でラリーを続けながら、テッドの打ったボールが自分のコートのどこに落ちたかを口頭で言わせることにしました。テッドのボールはことごとくベースラインを越えて「アウト」になりましたが、テッド自身はその位置をほとんど答えられなかったそうです。

次に著者は、無理にインに入れようとしなくていいとして、「ベースライン上をゼロとして、オーバーしたら1フィートごとにプラス1、プラス2と答えることにしよう」と提案します。

テッドはそれに従いますが、相変わらずオーバーする上に、最初はかなり〝過少申告〟してきました。4フィートもオーバーしたのに「ゼロ」と答える、といった具合です。

著者は途方に暮れつつ、その場でいちいち正しい数字を告げて訂正していったそうです。すると、5分ほど続けたところで、しだいにテッドの申告する数字が正確になっていったとのことです。さらにもう5分続けたころには、オーバーする数字も徐々に小さくなり、ついには当たり前のようにインに入るようになったそうです。

この間、著者は新たな指導をしたわけでもありません。では何が起こったのか。

同書によれば、**現実を逐一確認することにより、無意識的にコートの中に入れようという目的を持つようになった、と述べています。いわば本能を目覚めさせたことにより、文句を言う心の中の自分を黙らせたわけです。**

●フィードバックは命令よりも効く

私もかつてテニスのコーチをしていたとき、この指導を実践して嘘や誇張ではないことを確認しました。自分の打ったボールの行方を言えなかった生徒たちが、本当に短時間でピタリと言い当てられるようになったのです。それも最初は数メートルの誤差だったものが、やがて数十センチ単位になり、10センチ単位になり、ついには10センチ以内に収まるようになった。プロなら、これがミリ単位になるのでしょう。

それと同時に、だんだんコートの中に打ち込めるようにもなりました。考えてみれば、例えば5メートル・オーバーしたときと、1メートル・オーバーしたとき、そしてインに入ったときとでは、手の感覚が違うはずです。そうすると、「この感覚のときはオーバーになる」とか「この感覚なら入る」ということを身体が覚えていきます。だから自動的に修正されていくのでしょう。

この「バウンド地点の確認実験」の方式は、職場で新人や後輩を指導する際にも応用できる気がします。

ポイントは、「○○をしなければいけない」と強制するのではなく、現状がどうなっているかを確認するよう促すことです。それができるようになると、自ら良い方向に修正していくことが期待できるわけです。

例えば、ミスが多かったり、なかなか仕事が捗《はかど》らない部下がいたとします。なんとなく働いていて、結果にもあまり関心を持っていないのでしょう。上司としてはいろいろ文句を言いたくなるところですが、それはかえって部下のためになりません。「うるさいな」「嫌な奴《やつ》だな」と思わせるだけで、むしろ部下の学びを妨げ、自己修正機能を持つようにもならないでしょう。

『インナーテニス』の方式に従うなら、こういう場合に必要なのは、部下の行動と結果を逐一照らし合わせることです。理想的には、例えばプレゼンテーションをするとき、聞き手の全員に「共感ボタン」と「反感ボタン」を渡し、途中でどんどん押してもらうという形にできればいいのです。

その結果が話し手にもリアルタイムで伝わるとすれば、どんな話をすると受けて、どんな話が嫌われるのかがわかります。それは本人の自信にもなるし、できるだけ受ける話を中心にしようと自然に思うようになるはずです。

ただ、一般的なプレゼンや会議で、こういうシステムはまず存在しません。その役割を果たせるのは、上司ぐらいでしょう。リアルタイムは無理としても、終わった後で「あの話は良かったよ」とか「この話で全員がメモを取っていた」などとフィードバックすれば、本人も話の勘どころがわかるようになります。

これはけっして「○○すべきだ」という指示や命令ではありません。そういうものから本人を解放し、現状を見せ、本人に気づかせ、それによって潜在能力を発揮させようというわけです。

教え方のポイント 23

「○○すべきだ」と強制せず、現状がどうなっているかを確認するよう促す

24 大切なことは何度でも口に出して言う

●トップと現場の社員が語らう場をつくる

日本史を深く勉強している人の中に、「日本が嫌い」という人はあまりいないでしょう。生まれ育った地域や出身校も同様、歴史やエピソードを知れば、より愛着が湧いてくるものです。

それは会社も同じことです。社員なら自分の会社の歴史や伝統をある程度は知っていて、少し誇らしい気持ちを抱いているかもしれません。しかし反面、日々の忙しさの中で、そういうことを思い出す暇もないという人も多いでしょう。

それは、もったいない話だと思います。会社の歴史や伝統は、その会社の大きな財産です。しかも**有形の財産は分与すれば小さくなりますが、この財産は多くの人が知るほど大**

きくなります。それを有効利用しない手はありません。

そういう活動に積極的に取り組んでいるのが、カルビーです。CEOの松本晃さんの発案で、松本さんを塾長、創業家で元社長（現相談役）の松尾雅彦さんを名誉塾長とする「松塾」というものを開いているそうです。

会場は全国各地の営業拠点や工場。参加・不参加は各人の自由で、ほぼ月に1回、土曜日の午前10時から午後7時までびっしり話し合うとのことです。「自ら学ぶことの大切さ」が主なテーマらしいのですが、特に松尾さんは「会社の歴史や自らの体験に裏打ちされた創業者精神」を語ることが多いそうです（日本経済新聞電子版　2014年12月28日付より）。

社員の方にとって、これはたいへん貴重な経験になると思います。概して大企業の場合、現場の社員と経営トップが会う機会は、そう多くありません。それどころか、新人は部長と話したことすらない、ということもあり得ます。

まして創業家の人物となれば、〝雲上人〟のように見えているかもしれません。そういう人と直接、しかもじっくり話せば、きっと感じ入るものがあるでしょう。歴史の重みや創業の心意気、その中心人物の迫力を肌で感じ、それを自分も受け継いでいこうと前向きな気持ちになれると思います。

●「一流」の人と会えば、遺伝子の〝スイッチ〟がオンになる

意図は違いますが、セブン－イレブンがたびたび開催している「FC会議」も有名でしょう。同社にはOFC（オペレーション・フィールド・カウンセラー）と呼ばれる店舗経営相談員が全国に2000人以上いるのですが、その全員を東京の本社に集めて行われる会議です。鈴木敏文会長もかならず参加し、経営方針などについて講演を行うことが大きな特徴になっています。

この規模といい頻度といい、会議にかかるコストは膨大だと思います。今どき、通信回線を駆使すれば遠隔会議も簡単にできるはずです。それでも、**直接顔を合わせることにこだわっています。それが「伝える」という点ではもっとも適している、との判断からでしょう。**

たしかに〝カリスマ〟と称される鈴木会長の話を直接聞けば、背中にビンと電気が走るような気がするのではないでしょうか。

こうして人と人が直接触れ合う空間は、きわめて大事だと思います。特に「一流」と呼ばれる人が相手であれば、多大な刺激を受けるでしょう。遺伝子研究の権威である村上和雄先生の著書『スイッチ・オンの生き方』（致知出版社）の言葉を借りるなら、「眠っていた遺伝子がオンになることもある」のです。

実際、身体性はコミュニケーションにおいて、大きな意味を持ちます。**肉声はもちろん、表情や身振り手振りといったものも、言葉と同様にメッセージを発します。空間を共有することで、それらをやりとりできるわけです。**

それは、メールと電話を比較してみてもわかるでしょう。たとえ話の内容が同じでも、電話のほうが声の感じが伝わる分、情報量は多くなります。「信用できるかどうか」「緊張しているか、堂々としているか」といった相手のパーソナルな部分まで、かなりの確度でわかるはずです。

まして面と向かって話せば、情報量はさらに増えます。メールが主流の昨今だからこそ、その効果は絶大でしょう。そういう場をセッティングすることも、新人教育の一環として優れています。

●大事なメッセージは何度も繰り返せ

なお、創業者や経営者が社員に向けて話す内容は、ワンパターンでもかまいません。むしろそのほうが、社員の心に残る可能性があります。なぜなら、人間は〝忘れる動物〟だからです。

とりわけ経営者の場合、社員に伝えるべきことは、経営哲学や創業の精神などシンプルかつ大局的なもので十分です。その代わり、それを徹底的に覚えてもらう。社員から「耳にタコができる」と言われるぐらいでちょうどいいのかもしれません。むしろタコをつくるために繰り返すわけです。

たしかに、私が知る経営者や創業者の方々も、同じ話を繰り返すことがよくあります。最初は「以前にお会いしたことを覚えていないのかな」などと思っていたのですが、やがてそうではないことに気づきました。「大事なことは何度でも言う」という姿勢を徹底されていたのでしょう。

余談ながら、私もその姿勢に影響を受けています。仮に同じ人を対象にして30回講演するなら、30通りの話を用意します。これは、飽きられないように、楽しんでもらえるようにするための最低限の配慮です。

しかし学生に対しては、30回なら30回、同じ話を繰り返してもいい。例えば「もっと本を読め」というメッセージなら、入学当初から卒業式の日まで、まさに学生の耳にタコをつくるつもりで言い続けるべきなのです。

そうすると、さすがに学生も「読書は大事なんだな」と思ってくれるでしょう。読書から遠ざかっていたとすれば、「やっぱり読まなきゃまずいかな」と気づいてもらえると思います。漢方薬のように、彼らの脳にじわじわと効いていくわけです。

教え方のポイント

24

大事なことはメールではなく、直接口で伝えたほうが効果的

第6章

「教える」効果がアップする方法

——道具を使って意識を上げる

25 「ストップウォッチ」を携帯して話してみる

●説明は「1分」で終わらせる

会議に向けて膨大な資料づくりを上司に頼まれ、必死になって間に合わせたのに、当の会議では誰にも読まれなかった……こういう状況になったとしたら、部下としてはどっと疲れが出るでしょう。

誰でもムダなことは嫌いです。自分で判断した結果としてムダになるならまだしも、他人に言われたとおりに動いたことがムダになると、怒りすら覚えます。

そうした状況にならないように、**上司としてはできるだけムダを省くこと、ある程度先を見通して合理的に指示を出すことが求められます。それができれば、「教え上手」という印象を与えることになるはずです。**

その最たる例は、時間の感覚です。話が長いというだけで、「教えるのが下手」という印象になります。上司の話は短いほどいい。「今、こういう状況だから、これをやってくれ」と的確かつ簡潔に指示を出せれば、それだけで評判は良くなります。

一見すると、懇切丁寧に説明したほうがいいようにも思えます。しかし、どれだけ立派な説明を聞いても、それができるか否かは別問題。なかなかできないのが実際のところでしょう。ならば、基本的な指示だけでいいのです。

ただし言いっ放しにするのではなく、コンスタントに様子を見ながら、「ここはちょっと違う」「これはこうしたほうがいい」などとアドバイスして軌道修正していきます。あるいは、部下が迷って質問してきたら、すぐに答えられるようにします。もちろん、それらも1分ぐらいで終わらせたほうがいいでしょう。

これは、私が長年教壇に立ってきて得た実感でもあります。どれだけ細かく説明しても、聞き逃してしまう人は少なくありません。特に初めての課題に取り組んでもらう場合、経験がない分、説明の吸収力が高くならないのです。

それなら、**とりあえず1回でも経験させたほうがいいのです。体感としてわかるし、当人なりの課題もはっきりするからです。それに合わせて事後に説明を加えていったほう**

が、ずっと効率的なのです。

そうすると、長い説明というムダを省けると同時に、部下は作業を大きく間違えることもなく、なおかつノウハウも身につけられるという〝一石三鳥〟が可能になるわけです。言われる側も「この上司は効率がいいな」と感じるはずです。それに、説明する側の労力も減らすことができます。

これを徹底するために、私はすべての上司はストップウォッチを携帯すべきだと思っています。あるいはスマホにはストップウォッチ機能が付いているので、それをおおいに活用するのです。特に「話が長い」と自覚している人、周囲からそう指摘されたことのある人は必携です。

話を始める前に「ＳＴＡＲＴ」ボタンを押し、基本は1分。ゼロから教えるなど特別な場合でも最大3分で終える。その上で、「じゃ、ちょっとやって。わからないことがあれば何でも聞いて」と指示するわけです。

●話に優先順位をつけよう

ストップウォッチには、もう一つ大きな効用があります。**時間が短く刻まれる分、優先順位の高い話からしようという意識が働くことです。**

例えば、5つの手順を教えるとします。そのとき、1から順番に2、3、4、5と説明する人が多いと思います。そうすると、どうしても1や2の説明が重くなりがちです。しかし作業としては、4、5がもっとも重要だったりします。つまり、軽く流していい部分の説明が長くなり、本当に必要な説明がおざなりになるわけです。これは、効率のいい教え方とはいえません。

その点、最初から1分ないし3分しか時間がないとすれば、できるだけ4と5の説明に重点を置こうとするはずです。そういう選択を迫られるという意味で、ストップウォッチが重要な役割を果たすわけです。

概して日本人は、何でも最初から進めようとする傾向があります。説明のみならず、例えば本は最初から一生懸命に読んで、10~20ページまでで飽きてしまったりします。テストの問題にしても、後半の問題のほうが配点が高いにもかかわらず、第一問から順番に解いて時間切れになったりします。良く言えば几帳面なのですが、悪く言えば効率を考えない悪癖でしかありません。

本であれば、例えば「全5章のうち4章がもっとも重要だ」ということがわかっているなら、最初から4章だけ読めばいいのです。その上で、時間が余ったら他の章をささっと読み流す。そうやっておいしい部分だけ得ていくのが、読書の醍醐味《だいごみ》です。

あるいはスピーチなどで話をする際も、前置きが長くて肝心な所が伝わらなくなっては意味がありません。**最初に「もっとも大事なメッセージはこれです。これだけは覚えておいてほしい」と述べ、それから理由なり周辺情報なりを時間の許すかぎり付け加えていく癖をつけたほうがいい**でしょう。

なおかつ、手元のストップウォッチで自らの時間を律するようにすれば、周囲に「ずいぶんテキパキしているな」という印象を与えることができるでしょう。

教え方のポイント
25

常に時間を意識して、優先順位の高いことから話す

26 「手書き」や「図」を活用する

●「手書き」で伝わる熱意

上司が部下を指導する際、意外に効果的なのが「手書き」です。
口頭だけでもいいのですが、紙に書きながら指示すると、いっそう伝わりやすいし、時間も短縮できるのです。日常会話でもそうですが、話し言葉はどうしても繰り返しが多くなります。その点、手書きを交えて話せば、「こういうことです」と言うだけで済むわけです。

例えば**何かの段取りを教えるにしても、「その①はこれ、その②はこれ」と書きながら説明できれば、もっとも効率がいいし、紙が残るので相手も忘れません。**あとは「じゃ、よろしくね」と言うだけでいいのです。

しかも、今どきわざわざ手書きで指示を出す上司は滅多にいません。だから、あえてそういうものを示すことで、**「手間暇かけた感」「骨身を削っている感」を出せるし、相応の熱意を伝えることもできるわけです。**

それも一度のみならず、機会があれば何度でも繰り返せばいいと思います。前に渡した段取りができているかをチェックし、その結果しだいで新たな段取りを教える。さすがに部下も、上司から手書きで渡されたものは捨てられません。枚数が溜《た》まっていくたびに、当事者意識や課題意識が明確になって成長していくでしょう。

なお、私もよく手書きしながら話をすることがありますが、単に文字を書くだけではなく、図を描くのが常です。概念を丸や三角で表現したり、流れや関係性を矢印で結んだり、キーワードを枠で囲ったりするわけです。

これなら、見ている側もわかりやすいし、イメージを共有することもできます。特に込み入った説明をする際には欠かせません。これは、誰でもちょっと練習すればできるようになります。「かならず図を描いて説明する」と決めてみてはいかがでしょうか。

あるいは、部下が書いた報告書などの文書に、手書きで赤字を入れるのもいいでしょう。文章の添削の他、「切り出し方をこうしてみて」とか「終わり方は形式的にこう変えて」といったフォーマット的な指示もできれば、その部署の書き方が受け継がれます。

さらに「手書き」を活用するなら、必要な項目を書いて「チェックボックス付きのチェックシート」として渡すという手もあります。

例えば、A4の紙のいちばん上に「最低限これだけはやってほしい」ということを挙げ、その下に「できればやってほしい」ことをいくつか並べ、それぞれの左端に小さい四角を書き込んでおく、という感じです。

特に仕事に慣れていない新人には、有効だと思います。上司の手書きとなれば、彼らもおざなりには扱えません。彼らにこれを渡してセルフチェックしてもらえば、自然にやるべきことがわかってきます。仕事の漏れもなくなります。

あるいはコピーして毎日渡し続け、毎日チェックしてもらってもいいでしょう。すべてのチェック欄が連日埋まるようになったら、新しいチェックシートを渡す。これで、新人は着実にステップアップしていくはずです。きわめて単純ですが、いちいち報告書を書かせるより、よほど効率的な指導方法ではないでしょうか。

●「手書きチェックリスト」は効く

仕事を教える目的は、その仕事が「うまくなる」ようにすることにあります。では**「うまくなる」とはどういう状態かといえば、「自動化する」「意識しなくても当たり前のようにできるようになる」ことです。**

私たちは自転車に乗るとき、前を見るとか、ペダルを漕《こ》ぐとか、バランスを取るといったことをいちいち意識しません。これが「自動化」された状態です。仕事の課題に直面したときも、こうして難なく乗り切れるようにしようというわけです。

そのためには、まず課題を何度も反復する必要があります。それによって習慣化されたとき、意識せずにできるようになります。これは仕事にかぎらず、あらゆる分野に共通する上達の基本です。

算数の計算で、等式の左側の数字を右側へ移すとプラスがマイナスになるということは、慣れている人にとっては意識しなくてもわかっています。それはひとえに、繰り返しによる成果です。逆に言えば、そうなるまで繰り返せばいいということです。

武道の難しい技の場合、だいたい2万回程度の反復練習が必要だといわれています。しかしふつうの業務であれば、さすがにそこまでやることはないでしょう。1週間または2週間、同じチェックリストをチェックし続ければ、自然に身体《からだ》が覚えていくのではないでしょうか。それを1年間でも繰り返せば、相当の仕事量が身につくはずです。

そこで重要なのが、上司の役割です。チェックリストの内容を考えて新人に渡し、その進捗状況を見ながら新しいチェックリストを交付します。それも、個々人によって進捗や業務が違うことも考えられるため、人数分をバラバラに用意する必要があるかもしれません。これは、上司の経験知を総動員して行うべき大仕事になると思います。

とはいえ、こういうリストをデータとして蓄積していけば、年を追うごとに充実していくはずです。年々、その中から項目をピックアップすると考えれば、しだいにフォーマットとして固まってくるのではないでしょうか。

教え方のポイント

26

大事なこと、忘れてほしくないことは、手書きや図を交えて説明する

27 自分のための「ノート」をつくらせる

●ノートは〝意識のライト〟になる

勉強の場にかならずあるものといえば、筆記具とノートです。この両者を持たずに勉強しようという人は、あまりいません。自分で書くことによって自覚が進むからです。それに頭がはっきりするし、学習の意欲も湧いてくるのです。

私はこれを、仕事場でも実践したほうがいいと思っています。筆記具はふだんから持ち歩くでしょうが、ついでにノートも持つのです。それも「業務日誌」のような形式張ったものではなく、あくまでも「自分のためのノート」です。

例えばプロ野球界の名将として知られる野村克也さんが、監督時代に「野村ノート」を持ち歩いていた話は有名でしょう。そこに記されているのは、長年の蓄積によるデータ分析や戦術論、さらには人生論にまで及びました。キャンプ中などに監督がこのノートに基づいて講義し、選手たちはそれをメモして独自のノートをつくっていったそうです。

あるいは私も大学で、学生に「1週間後、全員の前で日常にあった面白い話をして」という〝課題〟を出すことがあります。その前提となるのは、〝ネタ帳〟をつくって日常の出来事をメモすることです。

この課題のミソは、受けたかどうかではなく、いかに日常を意識化するかです。 学生たちは必死になって10個ほどのエピソードを拾ってきます。今まで見逃していたようなことにも目を向けるようになり、その過程で周囲への関心がガラリと変わるわけです。

社会人でも、これは応用できるでしょう。「何かあればノートに書く」と決めて、例えば新聞で気になった記事や雑談で出た話題、あるいは喫茶店で隣の客が話していたことなど、心に引っかかったものを片っ端からメモしていけばいいのです。

そうすると、いわば〝意識のライト〟が明るくなります。できるだけ明るく照らせば、いろいろな情報に気づくことができるし、石に躓《つまず》いたりすることも減るはずです。

あるいは、上司との間でノートをやりとりするという手もあります。例えば教育実習では、「実習ノート」というものを書くことになっています。どんな目標を立て、その結果がどうだったか、どんな反省点に気づいたかを毎日記録していくのです。現場で指導する現役の先生方はそれを読み、コメントやアドバイスを書き加えて返します。このやりとりを毎日繰り返すわけです。

これを実習期間の3週間行うと、学生たちが「大人」の顔になって帰ってきます。指導の先生方のおかげなのですが、初めて実務を知って悪戦苦闘しつつ、生きたアドバイスをもらって当事者意識と責任感が芽生えるのでしょう。

ふつうの職場でも、これは可能だと思います。常時あると煩わしいので、期間を限定して新人が気づいたことや困ったことをノートに記し、それに対して上司が指導したり励ましたりするというやりとりを繰り返すわけです。

例えば、これを5日間でも試してみると、今までなんとなく行ってきた作業を振り返ることになります。「もっとこうしたほうがいい」「段取りを変えてみよう」ということに気づきやすくなるはずです。

●ノートを整理する力をつけさせる

どうせノートを使うのなら、落書きのように適当に書くのではなく、ある程度整理しながら書く癖をつけたほうがいいと思います。

以前、『東大合格生のノートはどうして美しいのか』（太田あや・文藝春秋）という本が話題になりました。実は私も、これについては思い当たるフシがあります。学生時代、たしかに友人たちの授業のノートは非常に美しかったのです。

東大の先生は、基本的に板書をあまりしません。2時間近く、ずっと話し続けるだけです。ところが友人のノートを見ると、その講義内容がきちんと整理されている。箇条書きにしたり、適宜「a」「b」「c」のような記号を使ったり、すぐに「講義録」や「参考書」として売り出せそうなレベルなのです。おかげで、試験前にはずいぶんお世話になったものです。

こういうノートが書けるということは、それだけ頭の中がよく整理されていることを意味します。どっと流れ込んでくる情報を瞬時に分類し、重要度のランク付けをしたり、相互に関連付けたりできるわけです。おそらくそれは、小学生・中学生時代からの訓練の賜《たま》物《もの》でしょう。

本来、授業中のノートとは、板書さえ写せばいいというものではありません。先生の話したことや自分の疑問点なども書くことで価値が生まれるし、ノートを整理する力も養われるのです。

とはいえ、こういう訓練を積んでこなかった人も多いと思います。それに今さら小学生・中学生に戻れるわけではありません。しかし、社会人になってからでも訓練はできると思います。上司がそれに協力してもいいでしょう。

例えばミーティングのとき、必要なことをプリントアウトして渡すのではなく、あえて「今から指示を出すから、各自ノートに取って」と告げることを習慣にするという手もあるでしょう。ひととおり話した上で、「今言ったことを繰り返してみて」と言えば、もっと教育効果が上がります。

これを繰り返していけば、そのうち他人の話を聞きながら頭の中で整理し、ノートに記録するという芸当もできるようになるのではないでしょうか。もちろん、**きれいに書くことに神経を使い、かえってストレスを溜めては元も子もありません。まずは簡略な形で始め、備忘録をつくるような感覚でいい**と思います。

社会人といえども、日々学ぶことは多いはずです。若いうちならなおさらでしょう。

今まではなんとなく経験を積んで覚えるパターンが多かったと思いますが、スピードが求められる昨今、それでは通用しなくなるかもしれません。

ならば先を見越し、学生時代を思い出してノートを活用したほうがいいと思います。

学校では長く使ってきたので、感覚はすぐに思い出せるはずです。ついでに試験前の緊張感や試験結果の厳しさも思い出したほうがいいかもしれません。

余談ながら、大きめの文房具店には、形もデザインも個性的なノートがたくさん並んでいます。そういうものを見ていると、「使わなければならない」というより、むしろ「つい使ってみたくなる」のではないでしょうか。

教え方のポイント

27

教えたことを「ノート」にまとめさせる

第7章

ミスを次につなげるコツ

——仕事への「構え」をつくる

28 「記憶力」が仕事の質を決める

●「記憶力が悪い」のは能力ではなく意欲の問題

あまり認識されていませんが、どんな仕事であれ、きわめて重要なのが「記憶力」です。

例えばプロ野球の場合、一流と呼ばれる投手ほど、過去に自分が投げた一球一球を覚えているものです。中には、1試合で120球投げたとして、そのすべてを詳細に説明できる投手もいるそうです。

そういう選手が一流と呼ばれるのは、おそらく偶然ではありません。**細部まで記憶し、それを再生できる能力があれば、自己チェックができるのです。そこから修正し、次の登板に生かすことができるわけです。これは、あらゆる仕事に共通する話**ではないでしょうか。

ただし、仕事で必要な記憶力とは、いわゆる「暗記が得意」といったレベルのものではありません。もっと自分の仕事に特化し、なおかつ本気度や当事者意識に左右されるものだと思います。

俳優のセリフの記憶力というのも、ふつうの人間から見るとかなり超人的です。テレビドラマや映画なら、1シーンずつ覚えれば済みますが、生の舞台となるとそうは行きません。およそ2時間前後もずっと話し続けるわけで、当然ながらその膨大なセリフがすべて頭の中に入っているわけです。

しかも、ときには緊急でそういう場に立たされることもあります。以前、宮沢りえさんが天海祐希さんの代役として、わずか2日半の稽古だけで舞台に立ったことがありました。演出家や他の俳優などの助けがあったこともありますが、とても人間業とは思えません。そこまで記憶力を研ぎ澄ますことのできる人もいるのです。

私たちに真似《まね》ができるかといえば、まず無理でしょう。

以前、大学で学生に「1週間でシェークスピアのセリフの一部を覚えてきて」と指示を出したことがあるのですが、その〝舞台〟は散々なものでした。彼らは、けっして記憶力が悪いわけではないはずです。

ではなぜ覚えられないのか。それはひとえに、「本当の舞台に立つんだ」という覚悟や緊張感が足りないためだと思います。仮に「進級を左右する試験」であれば、彼らは抜群の記憶力を発揮するはずです。

言い換えるなら、**「構え」の違いによって記憶力は変わってくるわけです。もし「自分は記憶力が弱い」と思っているのなら、それは根本的な能力の問題ではなく、仕事に本気で取り組んでいない証拠だと思います。本気で向かっていれば、経験も濃くなるので、記憶にも残りやすくなるはずです。**

●抜き打ちの「口頭試験」を行う

だから上司としては、ときどき部下を相手に「口頭試験」を行ってみてはいかがでしょう。

例えば取引先との打ち合わせからの帰り道、「先方とどんなやりとりをしたか、ここで再現してみて」と尋ねればいいのです。「『整理して話せ』とまでは言わない。先方が何を言って、こちらがどう返したか、覚えている範囲でその言葉を言ってくれればいい」と、あくまでもディテールを聞くわけです。

それに対して、部下が「細かいことはちょっと……」などと要領を得ない返事しかできないとすれば、いささか本気度が足りないと言わざるを得ません。部署としても安心して仕事を任せられないし、本人も中途半端に不安を抱えることになります。

そういうときは、「これからも同じように聞くからね」とやさしく釘を刺しておけばいいのです。実際には毎回聞かなくても、本人が〝抜き打ち試験〟を警戒してくれれば、それで十分。そのうち試験とは関係なく、記憶力を高めて自己チェックできるようになるでしょう。

私はこういうことを、しばしば学生に対して行っています。「今、私が言ったことを、オウム返しのように言ってみて」と〝試験〟を課すのです。そのようなことを予想していなかった学生は、明確には答えられません。

しかし何度も繰り返していると、彼らも学習します。いつ聞かれてもいいように私の話を真剣に聞き、メモを取るようになります。簡単な方法ですが、きわめて学習効果の高い指導法です。

社会人なら、記憶力はなおさら重要でしょう。先方と「大筋合意」することも大事ですが、後になって細かい部分で揉《も》め、結局ご破算になることはよくあります。「なんとなくいい感じ」で話を進めてしまうと、大きな落とし穴に陥りかねないのです。その意味では、記憶力が仕事力を支えていると言っても過言ではありません。

教え方のポイント

28

部下に仕事への「構え」をつくらせる

29 「指差し確認」でミスをなくす

●原始的な動作だからこそ効果がある

以前、横浜市磯子区にある石炭火力発電所を見学させていただいたときのことです。あちらこちらの壁に、いろいろな注意事項が貼られているのが印象的でした。「リーダーがやること」「サブリーダーがやること」等々、誰が見てもわかるように紙に大きく書いてあるのです。

中でもよく目についたのが、「指差し確認」の言葉です。例えば、ほとんどクルマの通らない敷地内の道路の横断歩道にさえ、左右を「指差し確認」するようにとの指示がありました。実際、案内してくださった所員の方も、「左よし、右よし」と声に出しながら実践されていました。

まして制御室での作業となると、とにかく「確認」を徹底しているようでした。発電に至るまでには30ほどの段取りがあるそうですが、そのすべてがリアルタイムでモニターされて巨大なパネルに表示されていました。何か異状があれば、どの部分がおかしいのか、すぐにわかる仕組みになっているのです。

驚いたのは、その徹底ぶりです。石炭を燃やすとどうしても窒素酸化物や硫黄酸化物という有害物質が発生します。一方、横浜市はそれに関して、世界的に見てもたいへん厳しい排出規制を設けています。ところがこの発電所では、規制の基準値より2桁も小さい排出に抑えていました。なおかつ、微妙な変化に対しても声に出しながら確認していたのです。

ミスが許されない現場ほど、こういうことは徹底されているのでしょう。その方法の一つが、私たちも小学生時代に実践していたような「指差し確認」「声出し確認」だったわけです。

あるいは、駅員さんによる指差し確認も当たり前のように行われています。考えてみれば、いちいち指を差したり声に出したりしなくても、視線を向ければホームの安全確認はできるはずです。しかし、それをあえてやることに意味があります。

自身の意識をはっきりさせるという効果もあるのでしょう。人間の意識とは、こういう原始的な動作に反応しやすいのです。

●確認用の〝呪文〟をつくろう

次元はまったく異なりますが、「指差し確認」「声出し確認」は個人レベルの忘れもの対策としても有効です。

私の大学時代の友人は生来の心配性で、外出後も自宅のガスや電気の消し忘れが気になり、確認のために引き返すこともよくありました。きちんと消してあることがほとんどなので、たいてい取り越し苦労に終わるわけです。

そういう自分に嫌気が差した彼は、電車の指差し確認からヒントを得て、外出時に「電気よーし、ガスよーし、鍵よーし、出発進行！」と声に出しながら一つ一つチェックすることを習慣にしました。おかげで、いっさいの不安から解放されたそうです。

実は私もそれに触発され、今でも持ちものについて声に出しながら確認することがあります。とりわけ重宝なのが、「時計、ケータイ、メガネ」という言葉です。いずれも外出先でよく外したり、机に置きっぱなしにしてしまうことがあるので、移動する際には〝呪文〟のように声に出すことを心がけています。実際、過去にこの言葉で救われたことは数知れません。

こういう習慣は、仕事でも使えると思います。例えば外回りの営業をする前など、必要なものが揃《そろ》っているか確認する際に便利でしょう。ただしポイントは、せいぜい3つ程度に絞ること。「iPhoneよし、（資料の入った）iPadよし、バッテリーよし」といった具合です。他にも必需品はあるでしょうが、あまり欲張ると言葉自体を忘れてしまいかねません。

あるいは資料などを作成する際にも、日付の記載が漏れてやり直し、などということはよくあります。大量にコピーした後や重要な取引先にメールで送信した後で気づいたりしたら、目も当てられません。

それを防ぐためには、例えば「日付よし、宛名よし、誤植なし」と声に出して確認する習慣をつければいいのです。中身の質はともかく、ケアレスミスは減るはずです。

私がよく知る本の編集現場でも、「指差し」はともかく「声出し」による確認は日常的に行われています。特に子ども向けのテキストの場合、間違いがあれば責任重大です。

大丈夫なつもりでもミスが出ます。だから私も、最後の校正の段階では編集者さんと集まって確認し合います。例えば漢字の場合、一緒に「1、2、3……」と声を出しながら、その字を書いてみたりするわけです。目次や見出しなどの場合、一人が読み上げ、もう一人がそれを目で追う、という作業もよく行います。当然ながらかなりの時間がかかりますが、本の品質を維持するには不可欠な工程です。

しかし、この作業を終えれば、とりあえず不安はなくなります。自分の精神を安定させるためのひと手間、と考えれば、それほど苦痛でもありません。

友人が駅員さんを見て気づいたように、職場で上司がこれを実践すれば、部下も「そういうものか」と自然に真似するようになるでしょう。これも、地味ですが教育の一環だと思います。

教え方のポイント

29

忘れてはいけない重要なことは、声に出して確認させる

30 部下の失敗はすべて上司の責任と考える

●部下に「会社にどんどん迷惑をかけよう」と言えるか

部下が顧客からクレームをつけられ、「上司を出せ」と迫られる場面もあるかもしれません。部下も上司も「できれば避けたい」と思うでしょうが、これは案外、合理的な解決方法かもしれません。

まず顧客にとっては、早期の問題解決につながりやすい。いわゆるクレーマーは別にして、相手にわざわざ怒りをぶつけるのは、自身の正当性を訴えたいからでしょう。加えて、何らかの謝罪なり代償なりを求める場合もあります。

ところが、目の前の相手では埒《らち》が明かないことがあります。ならばその上の人に説明したほうが早い、と考えてもおかしくありません。

　また、そう言われた当人（部下）にとっても、顧客の怒りの矛先を上司に転嫁できます。原因は自身の対応の悪さにあるのかもしれませんが、いくら謝っても聞いてもらえなかったり、逆ギレ気味に頭に血が上っていたりしていては、まったく事態は収拾できません。ここは上司に頼るしかないでしょう。そして上司にとっては、自身の登場によってその場を収めるきっかけになります。それは能力の問題というより、後から現場に加わった者として事態を客観的に捉えることができるからです。

　むしろ、これこそが上司の仕事であると述べているのが、株式会社武蔵野の社長・小山昇さんです。入社式で新入社員に向かい、「私は皆さんには期待していません」と語るのが恒例とのことです。逆に「たくさん失敗して会社に迷惑をかけてくれることを期待します」とまで述べるそうです。

　会社が成長するには失敗が不可欠である、というのがその理由ですが、同時に上司は「クレームに関してはエキスパート」だから任せてしまえばいい、とも述べています。

「お客様を怒らせてしまったら、『大変だ、大変だ』と大騒ぎして社内を引っかき回し、周囲に迷惑をかけまくり、ときには社長まで引っ張り出す。これが正しい」（日本経済新聞電子版２０１５年7月24日付より）。

たしかに上司は、部下よりクレーム処理に慣れているはずです。例えばこちらが100%悪いわけではない場合にも、冷静に「お騒がせして申し訳ありませんでした」「行き違いがありまして」などと微妙な謝り方ができます。そういう経験をくぐり抜けてきたからこそ、人の上に立つ役職を任されているのでしょう。

また**謝る姿勢を部下に見せることによって、実践講座にもなります。部下も自分が原因で上司が頭を下げているとなれば、さすがに申し訳ないとも思うでしょうし、そんな上司を見習おうとも思うでしょう。**

●部下が受けたクレームで上司が育つ

まして小山さんのように、トップに最初から「クレームは上司に任せていい」と言ってもらえれば、新人としてはさぞかし心強いはずです。「どんどん失敗しよう」とまでは思わないにしても、「いざとなったら頼ればいい」という安心感とともに働けるのではないでしょうか。それはさながら、しっかり張ったセーフティネットの上で空中ブランコに乗るようなものです。**ネットがなければ「乗れ」と言われても躊躇《ちゅうちょ》しますが、あれば初心者**

でも「試してみようかな」と思えます。早く上達するという意味でも、この差はきわめて大きいと思います。

今の若い人は失敗して叱られることにあまり免疫がありません。ひとたび叱られると、たちまち心が折れてしまうおそれがあります。あるいは叱られたくないばかりに、失敗をひた隠しにしようとする可能性もゼロではありません。これが後に大きな傷口となって発覚し、収拾に苦労したという話もたまに聞きます。そういうリスクを回避する意味でも、「失敗」に対する新人と上司の役割の違いを明確に伝えておくことは有効かもしれません。

これは、上司を鍛えることにもなります。例えば大学の教員と学生は上司・部下ではありませんが、「責任の所在」という意味では似ています。

ひと昔前まで、教育実習に向かう学生数百人は、数人の教員が共同で面倒を見るというざっくりした仕組みになっていました。しかし世の中がいろいろ厳しくなり、先方の学校から実習生に関する細かなクレームが寄せられることが増えてきました。

大学としても、細かなクレームに対応できるよう学生を指導する必要があります。そこで従来の〝ざっくり管理〟を止《や》め、クラス担任制のように1人の教員につき数十人ずつ学生を受け持つ仕組みに変えました。

それぞれの教員がそれぞれの〝クラス〟でクレーム防止策についてみっちり説明し、また受け持ちの学生についてクレームが来れば責任を持って処理する、という形にしたわけです。その結果、以前よりクレームは確実に減りました。

教員は競っているわけではありませんが、やはり自分の〝クラス〟でクレームは受けたくありません。だから**学生への指導には以前に増して熱心になるし、謝る際には責任を持って真っ先に頭を下げます。つまり責任感が増したのです。それが奏功したのでしょう。**

会社組織の上司も、「部下のあらゆる失敗は自分の責任」と覚悟を決めたほうがいいのです。部下についてクレームが来れば、「これも教育の一環だ」くらいの気持ちで頭を下げればいいと思います。

それは部下によって上司が育てられる瞬間でもある、といえるのではないでしょうか。

教え方のポイント

30

部下のためのセーフティネットをつくる

おわりに

私は大学は法学部を出ましたが、大学院からは教育学を専攻し、「教育方法」について学びました。現在は、明治大学で教職課程の教員をしています。ですから、いわば「教え方」を研究して30年ぐらい経《た》つわけです。その過程で気づいたのは、やはり**「教え方」は意識して学ばなければ、なかなか身につかない**、ということでした。

会社で上司の立場にある人の一番の悩みは、とにかく自分の仕事が忙しくて部下に仕事を教える暇がない、教えることにエネルギーを注ぐことができないということと、そのような状況で、自分とは異なる環境や時代に育ってきた若手とどう接し、仕事を教えていいのかわからないということだと思います。

ですから、**いろいろなタイプの人とうまくコミュニケーションを取り、かつ的確な指示をすぐに出せるような優れた「教え方」が大切になってきている**のです。

先日、ある研修会に「若手をどうやって育てるか」というテーマで呼ばれて行きました。「若手とどのように接することで、彼らのやる気を引き出し育てることができるのか」、あるいは「若手の悩みをどうやって聞き出していくのか」という内容でしたが、驚いたことに聴いている方の主な年齢が30歳ぐらいだったのです。30歳の人が20代の若手への教え方について悩んでいるのです。「30歳というのも、そもそも若手ではないか」と思いましたが、今やそのような状況ではないようです。本文でも述べましたが、先輩風を吹かすだけでは、今の〝若手〟はついてきてくれません。むしろ**「一緒にやっていく」「一緒に学び合う」という考え方を持った人のほうについていく**のです。

また「教えている暇がない」「悩みがわからない」というのであれば、「何がわからないのか」「何に悩んでいるのか」ということを、事前に2つ3つ、チェックシート方式でメモ用紙に書いてきてもらえば、上司も素早く答えられると思います。

「仕事はどう？　はかどっている？」などという質問から始めると、部下の話の段取りが悪い場合、話が長くなってしまいます。ずるずるとした話し方をされると、何がダメなのかがよくわかりません。そうすると上司の時間もムダになってしまうし、部下の問題意識もはっきりしないでしょう。ですから「今何に引っ掛かっているか、2つ3つ、メモしてきてみて」というふうにすると、部下もその時点で何が問題になっているのかという意識がはっきりしてきますし、上司も「AとBだったら、Bを選んだほうがいいよ」「それだったらこういうやり方があるよ」とすぐに教えられます。部下の質問力を鍛えておくというのも、1つの「教え方」の技術です。

優れた上司というのは、パッと話を聞いて状況を把握した上で、すぐに的確な指示を出せる人です。これがこれからの時代、みんなに必要な能力なのです。

「教え方」には基本的な型があり、コツもあります。そうしたことを意識して身につけていけば、教えることへの苦手意識、不安、イライラも消えていくことになるでしょう。

この本が、多くの教える立場の人たちにとって、勇気を持ちつつ上機嫌で仕事に向かう一助になることを願っております。

最後にこの本が形になるに当たっては、PHPエディターズ・グループの鈴木隆さん、島田栄昭さんに大変お世話になりました。私にとっても「教え方」を見直すいい機会となりました。ありがとうございました。

2015年10月

齋藤　孝

〈著者略歴〉
齋藤孝（さいとう　たかし）
1960年、静岡県生まれ。東京大学法学部卒業。同大学大学院教育学研究科博士課程を経て、現在、明治大学文学部教授。専門は教育学、身体論、コミュニケーション論。
著書に『声に出して読みたい日本語』（草思社文庫、毎日出版文化賞特別賞受賞）、『身体感覚を取り戻す』（ＮＨＫブックス、新潮学芸賞受賞）、『呼吸入門』（角川新書）、『教育力』（岩波新書）、『折れない心の作り方』（文藝春秋）、『雑談力が上がる話し方』（ダイヤモンド社）、『プレッシャーに強くなる技術』（ＰＨＰ文庫）、『１分で大切なことを伝える技術』『すぐに使える！　頭がいい人の話し方』（以上、ＰＨＰ新書）、『上昇力！』（ＰＨＰビジネス新書）、『学校では教えてくれない日本語の授業』『「疲れない身体」をつくる本』（以上、ＰＨＰエディターズ・グループ）など多数。

たった１日でできる人が育つ！「教え方」の技術

2015年12月８日　第１版第１刷発行

著者　齋藤孝
発行者　清水卓智
発行所　株式会社ＰＨＰエディターズ・グループ
〒135-0061　江東区豊洲5-6-52
☎03-6204-2931
http://www.peg.co.jp/
発売元　株式会社ＰＨＰ研究所
東京本部　〒135-8137　江東区豊洲5-6-52
普及一部　☎03-3520-9630
京都本部　〒601-8411　京都市南区西九条北ノ内町11
PHP INTERFACE　http://www.php.co.jp/
印刷所
製本所　図書印刷株式会社

ISBN978-4-569-82719-3